最大限の価値を引き出す
上手なお金の使い方

お金持ちは合理的

ファイナンシャルプランナー
立川 健悟

すばる舎

はじめに

はじめまして、立川健悟と申します。

多くの書籍の中から本書を手にとって頂き、誠にありがとうございます。

私は、お金の専門家・プロフェッショナルとも言うべきファイナンシャルプランナーという仕事をしています。お客様のライフプランニング、将来の資金確保のための資産形成のアドバイスなどを主な仕事にしています。

ただ、実は最初からこの仕事をしていたわけではありません。

新卒時にはグラフィックデザイナーとして社会人になったのですが、その後、就職先の広告制作会社の経営が傾いてしまったことから、縁があった不動産×ＩＴのいわゆる「不動産テック」系のベンチャー企業へと転職しました。

そのベンチャー企業では営業担当としてはたらいたのですが、不動産の営業というのは、多くの地主や不動産オーナーの方にお会いする仕事です。

不動産を中心に資産が数億～数十億円、毎年の賃料収入も数千万円や数億円にのぼる、「お金持ち」や「超富裕層」と呼ばれる方々とたくさんお会いする珍しい経験をさせてもらいました。

私は幸運にも、仕事の話をするかたわら、それらお金持ちの方々の一部にかわいがってもらうようになり、プライベートでのちょっとした催し物に呼ばれたり、人脈の紹介をしてもらったりするようになりました。

ビジネス上のお付き合いだけで深く交わることはなかった多くのお金持ちの方からも、仕事の話のついでに、お金持ちならではのエピソードや考え方を聞かせてもらうことができました。

正確にはわかりませんが、お話を聞かせて頂いたお金持ちの方の数は、累計で１５０人を超えているのではないかと思います。

営業担当としてはたらき始めた当初の私は、今考えてもごく普通の「ザ・庶民」でした。

最初の勤務先である広告制作会社の経営が傾き、転職活動をしていた頃には、給与の遅配などもあって生活費が工面できず、銀行の預金残高が１００円を切って青くなった経験もあります。

お金との付き合い方についても無頓着で、最初は営業相手のお金持ちの方々についても、「お金がたくさんあるから、どうせあまり深くは考えず、湯水のごとくお金を使っているのだろう」などと勝手に思い込んでいました。

家族や親戚、地元の友人関係などから刷り込まれたのであろう、「お金の話をする人は意地汚い」「お金は必要だけど、汚いもの」という、日本社会にうっすらと、しかし強固に存在する〝共同幻想〟にもどっぷりハマっていたのです。

ところが、多くのお金持ちの方にお会いし、そのお話を聞いていくうちに、彼らは考え方や日々の習慣が一般の方とは異なるからこそ、「お金持ち」や「超富裕層」と呼ばれる立場にいるのだ、ということに私は気付いたのです。

お金持ちは、**お金を「汚いもの」と特別視して、それについて考えたり話したりするのを避けることはありません。**

変にお金を持っていることを自慢すると、いらぬ妬みややっかみを買いますから声高に主張することはありませんが、**一般の方よりもお金を大事にしていますし、丁寧に使っています。**

また、**常に使ったお金の金額よりも大きな価値を引き出すように意識しています。**言い換えれば、大変コスパに敏感です。

総じて、お金についての考え方やその使い方が非常に〝合理的〟なのです。

私の人生は、この事実を知ってから大きく変わりました。

もう二度とお金に困るような生活はしたくないと考えた私は、仕事でお会いするお金持ちの方々に、営業トークをしながら積極的にインタビューするようになりました。

お金についての行動、習慣、そして考え方などを聞き出して、真似するようにしたのです。

その結果、かつては「ザ・庶民」で預金残高が100円を切ったことすらある私が、現在はいわゆる「お金持ち」の仲間入りをしています。

勤務先が起業したてのベンチャー企業で、社員数がまだ少なかったこともあり、お金持ちの行動や習慣を真似したことで営業成績が伸びた私は、営業部門の執行役員にまでトントン拍子に出世。

その後、会社が上場を果たしたために、幸運にも持ち株の値上がりと売却で大きな資産を得たのです。

一時は流行りのＦＩＲＥをすることも考えましたが、築いた資産を維持するためにもさらに真正面からお金に向き合い、また常に最新の金融知識を持っておきたいと考え、ファイナンシャルプランナーに転職して現在に至ります。

もちろん現在の仕事でも、偉大な諸先輩方の教えを受けながら、前職で身に付けた〝お金持ちの教え〟をフル活用しています。

お金持ちの習慣や考え方をアドバイスすることで、お客様に喜んで頂けることもよくあります。

――いかがでしょう？

そろそろみなさんも、そんな〝お金持ちの合理的な教え〟を早く知りたい、と思っていることでしょう。

それらは、決してひと握りの人しか実践できない特殊なものではありません。

考え方やコツさえわかってしまえば、簡単に生活に取り入れることができるうえ、その効能は長く将来に渡って続きます。

誰でも真似できる、それなのに誰も知らない、お金持ちの「賢いお金の使い方」を生活に取り入れ、もっと自由にお金を使えるようになりましょう!
それにより、あなたの人生はさらに豊かになります。

さぁ、ページをめくって、お金持ちの合理的な行動や思考を読み解く旅を始めましょう。

お金持ちは合理的　目次

第1章 お金持ちの「お金の使い方」はココが違う！

第2章

行動経済学を無効化する「お金持ちマインド」

第3章

お金を自由に使いたければライフプランを設計せよ

第4章 未来への投資としての「お金の活用法」

第5章

お金の最大の価値は「経験」を買えること

第1章

お金持ちの「お金の使い方」はココが違う！

1

お金持ちは、「お値段以上」のときしかお金を出さない

一つひとつの買い物にこだわる

お金持ちのお金の使い方について、あなたはどんなイメージを持っていますか？

突然お店に現れて、「この棚の商品を全部ちょうだい！」と大人買いをするとか、「よいものを何でも持ってきて！」などと、財力にものを言わせて少し乱暴なお金の使い方をするイメージを持っている人がいるかもしれません。

しかし、お金持ちの方々が私に語ってくれたり、実際に見せてくれたりした彼らのお金の使い方は、こうしたイメージとはかなり異なるものです。

まず、お金がたくさんあるからと、よさそうな物（高い値段が付いている商品）を何でも買ってしまうようなことは、彼らの行動にはまず見当たりません。

むしろ一つひとつの買い物について、「これは、本当にお得な取引だろうか?」とこだわって購入する人が多い印象を私は持っています。

一般の方よりも、お金を使うことにずっと慎重であるように見えるのです。

お金持ちの方々の多くは、日々の取引で、支払うお金の金額と同等か、それ以上の価値を得られるかどうかに非常にこだわっています。

支払う金額以上の物やサービス、つまりは「お値段以上」の価値が得られると考えればお金を出しますが、そうではない、つまり金額分の価値はないと考えれば、どれだけ財布に札束がうなっていようが買いません。そういうときには、彼らは財布の紐をゆるめることすらない、というのが実感です。

あるお金持ちの方には、「普通の人に1万円の物を売るより、私たち（お金持ち）に100円の物を売るほうが難しいよ」と言われたこともありました。

このように、金額にはこだわらずとにかくお得ではない、コストパフォーマンスが悪い取引をしないことに強くこだわる点が、多くのお金持ちに共通する最も基本的な習慣・考え方ではないかと私は感じています。

これは、本章で私が一番お伝えしたいポイントでもあります。

お金持ちは「ケチ」ではない

これだけ聞くと、お金持ちというのは並外れて「ケチ」だからこそ、お金持ちになれたのか、と誤解する人がいるかもしれません。

しかし、それも違います。

お得ではない「お値段未満」の取引をするのが我慢できないだけであって、自分にとって「お値段以上」の商品であれば、気持ちよくお金を支払うのもお金持ちの特徴です。

なにしろ懐には余裕がありますから、一般の方には高額に感じられるようなものであっても、「お値段以上」でコスパがよいと思えば、金額はあまり気にせず高級品を買うことも少なくありません。たとえば、

・エントリーモデル　：8万円
・ミドルクラスモデル：17万円
・ハイスペックモデル：40万円

と、3種類が用意されている同シリーズのパソコンの購入を検討する際、「機能やデザインではハイスペックモデルに一番惹かれるが、さすがに40万円は高すぎるので、ミドルクラスモデルかエントリーモデルにしておこう」と一般の方は考えます。

一方、お金持ちは「自分にとってハイスペックモデルが一番魅力的で、お値段以上の価値がある」と判断すれば、ためらうことなくハイスペックモデルに40万円を支払う選択をします。

お金を使って資産を減らすこと自体を嫌がる「ケチ」とは、まったく違うと言えるでしょう。

本当のお金持ちは見栄を張らない

ちなみに、同じシチュエーションで「ハイスペックモデルのデザインや高機能は自分には不要だから、エントリーモデルで十分。10万円以下で必要な機能が盛り込まれているなら お得だな」と考えれば、ためらいなくエントリーモデルを購入するのもお金持ちによく見られる行動です。

ほかの人と比べてどうとか、「一応、それなりの地位にあるんだから、パソコンもミドルクラスのものくらいは使っていないとナメられるかも……」などと変に見栄を張ることは少ないように感じます（お金持ちにも見栄を張る人はいますが）。

お金持ちの合理的な思考

支払う金額以上の価値があれば、高くても安くてもこだわらずにお金を出す。でも、「お値段未満」であればワンコインでも決して買わない。それがお金持ち

お金の使い方

2

「お値段以上」かどうかサボらず考える。それがお金持ちへの分かれ道

100円の買い物でも「お値段以上」を追求

お金持ちは、「お値段以上」かどうかを判断する際に、一般の方よりも深く、またより長期的な視野で考えているな、と感じることも多々あります。

先ほど、お金持ちはケチではないけれど、お得に感じないときには容易に財布を開かないという話をしました。

それらの判断の際に、自分のニーズや置かれた状況、長期的な影響などをじっくり考えるのをサボらない、と言い換えてもいいかもしれません。

とにかく１００円、２００円のちょっとした買い物であっても、「自分はその商品に価値を感じるか」を追求する。それができるかどうかが、お金持ちになれる人とそうでない人とを分けるポイントになっているような気がします。

「お金の使い方」は１００円ショップで学べる

あるお金持ちの方が、この考え方あるいは習慣を鍛えるのに、１００円ショップが最適の場だと教えてくれたことがあります。

「お金持ちも１００円ショップに行くの？」という疑問を持つ方がいるかもしれませんが、もちろん彼らも１００円ショップに出没します。

自分にとって価値があれば、値段にはこだわらずに購入するのですから、１００円ショップにその商品があれば、お店の種類にこだわることはありません。

１００円ショップのレジで、あなたの後ろに並んでいるおじさんやおばさんが、実は億万長者だった――という状況は日本中でごく普通に見られます。

話を戻すと、１００円ショップにはさまざまな商品が並んでおり、なかにはそこでしか買えないアイデア商品のようなものもあれば、スーパーやホームセンターなど、ほかのお店で買える商品もあります。

また100円だから一律に安いわけではなく（最近は、100円以上の値付けがされている商品も多いですね）、ほかのお店で買ったほうが安い商品もあります。たとえばゴミ袋はホームセンターのほうが安いですし、飲み物やお菓子は激安系スーパーのほうが断然安いでしょう。

キリのよい価格設定と、手軽なワンコインのイメージが重なり、つい割安だと感じてしまうのですが、それぞれの商品に100円の価値が本当にあるかどうか、判断するための手頃な訓練の場になるそうです。

お金持ちが100円ショップで買う物・買わない物

お金持ちが100円ショップでどのように判断して商品を買っているのか、いくつか実例を見ていきましょう。

・使い捨てのオシャレな紙皿

あるお金持ちの方から、自宅で開催されたバーベキューに招かれたときのこと。

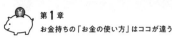

お開きとなって後片付けを手伝っていたところ、未使用のオシャレな紙皿をゴミ箱に捨てている姿を目撃しました。

当時のザ・庶民の私は、食事会などで紙皿の余りが出たら、次に使うときに備えて食器棚のすみなどに保管しておくのが当たり前だと思っていましたから、その様子を「お金持ちだから使っていない紙皿でも捨てるのが普通なんだろうな～」と眺めていました。

すると、私の視線に気付いたその方に話しかけられたのです。

「今俺のこと、お金を持っているから、未使用の紙皿を捨てるのがもったいない、なんて思わないんだろうな～って考えてたでしょ！」

心を読まれ、思わず苦笑いした私に対して、彼は丁寧に自分の考えを話してくれました。

いわく、もちろん、もったいないと思っていること。一方で、使っていない紙皿を残しておいても、使う機会はめったにないこと（確かに！）。

そのうえ、仮に次回同じようなバーベキューをすることになっても、残っているのは中途半端な数なので人数分に足りず、結局は買い足しに行かなければならないケースが多いこと。

そのときには同じ物を売ってないことも多く、バラバラの紙皿をお客様に出すのは避けたいため、今回残った紙皿は結局使わずじまいになる可能性もあること。

そして、そのように頻繁には使わず、もしかしたら一生使わないかもしれないものに、室内のスペースを奪われるのはよくない――とのことです。

言ってしまってはなんですが、たかが使い捨ての紙皿です。それに対してここまで細かく、また長期的に考えていることに、私はまず驚きました。

すると、その方は感心していた私を見て笑顔で付け加えました。

「それにこれ、１００円ショップで買った紙皿だからね」と。

お金持ちは１００円ショップになど行かないものだと思い込んでいた当時の私は、これにもビックリ。

聞けば、使い捨てのできるパーティー用の紙皿については、特定の１００円ショップの商品がおしゃれで品質もよく、愛用しているとのこと。

バーベキューなどで一時的に使う物であるため、必要十分な性能やデザインがあればそれでよく、また安いためにお値段以上の価値がある。

そう判断して、１００円ショップの商品を利用しているそうです。

ちなみに、この話を聞いた私は、わが家の収納スペースに入れていた使う予定がなく惰性で保管していた物を処分し、空いたスペースに室内に散乱していた物を収納するようにしました。

また何かを買った際、「使わなかったらすぐに処分する」ようにも心がけました。

それにより、まず生活空間がスッキリしてきれいになりました。

さらに、「これを買っても、使わずにすぐ捨ててしまうかもしれない」と考えるようになり、以後無駄な買い物を減らすことができました。

この方とのやり取りは、私が「お金の使い方」を考え直すきっかけとなった、印象深い出来事の一つです。

・リビングルームの消耗品

あるお金持ちの方は、自宅の書斎に快適な空間を作ることに非常にこだわっていました。自らのテンションを高め、常に最高のパフォーマンスを発揮するために、選び抜かれた物に囲まれていたい、という強い思いを持っていたために一切の妥協がありません。

書斎に案内してもらうと、それぞれに由来やエピソードがある高級な家具や文具があふれていて、趣味の品や愛読書が並ぶラグジュアリーな空間になっていました。

もちろん、そこに100円ショップの商品など一つもありません。

ところがこの方の場合、こだわりがあるのは書斎だけで、リビングルームなど家族との生活スペースに置く物には、まったくと言っていいほどこだわりがありませんでした。

そのため、それらの場所の消耗品やプラスチック用品などは、ひと目で100円ショップで買ってきたと思われる物が多く置かれていました。

この方の場合は少し特殊なケースですが、高品質でなくても使えればよい、と割り切れるときには、お金持ちの家庭でも100円ショップの商品を生活の中で使うのはよくあることです。

・買わない物:食器用洗剤

反対に、あるお金持ちの女性は、100円ショップでは食器用洗剤を決して買わないそうです。

その方の場合は、食卓で高価な食器を使っているそうで、品質の悪い洗剤を使っていると化学成分の関係なのか、大切な食器を悪くしてしまうことがあるからだそうです。

100円ショップの洗剤では汚れが落ち切らないことも多いと感じていて、「安物買いの銭失い」になってはたまらない、と考えているようでした。

三つの事例を見てきましたが、お金持ちであっても、１００円ちょっとの商品にじっくりとお値段以上の価値があるかどうかを考えて、買ったり買わなかったりしていることがわかって頂けるのではないでしょうか。

どんなに安い商品でも、お金を払う以上はできる限りの価値を引き出したい――。

繰り返しますが、その思考をサボらずに続けられるかどうかが、お金持ちになれるかどうかを左右するポイントの一つだと私は思います。

お金持ちの合理的な思考

安易に物を買わない。安い商品でも多角的・長期的に損得を考えて、自分にとって価値があると思ったときだけ購入する。それができる人はお金を効果的に使える

お金の使い方

3

「買わされる」シチュエーションに入っていかない

ほしいときに、ほしい物だけを買うスタンスをできるだけ守る

あなたは「セール」が好きですか?

季節の変わり目や年末年始のセールには多くの人が集まりますが、そこにお金持ちの姿はあまりありません。

100円ショップやスーパーにお金持ちが普通に出没しているのとは反対です。

彼らがセールに行かない理由は、大きく分けて二つあります。

一つは、**本当に必要な物・買いたい物以外にお金を使いたくないためです。**

売り手の都合で買わされるのを避けている、と言い換えてもよいかもしれません。人は無意識のうちに、自分にとって都合のよい情報を集めてしまうものです。たとえ買うつもりがなかった商品でも、店頭で声がかかり、販売員に言葉たくみに売り込まれれば、「なるほど……それなら、あったらあったで便利かもしれないな……」などと、自分の脳内の都合のいい情報や理由と紐付けて、その商品の購入を正当化してしまいます。

こうした心理のはたらきは、行動経済学で「確証バイアス」と呼ばれているものです。お金持ちは、こうした事態に陥るのを避けるために、そもそもセールには行かない選択をしているのです。

ECサイトでの買い物であっても、目的の商品をクリックして注文したら、すぐにサイトを閉じるというお金持ちも多くいました。

セールでは集まってきたお客に一つでも多く商品を買ってもらうため、さまざまな販売戦略が駆使されています。

販売員の声かけだけにとどまらず、広告や店頭の展示、時間限定の安い価格設定など、科学的に検証された、視覚的にも心理的にも強力なさまざまなテクニックが駆使されています。

その場にいれば、「あなたにオススメの商品はこちら」「この商品を買った人はほかにもこんな物を買っています」といった誘導営業にどうしても振り回されてしまいますから、そもそもセールのような〝売り込まれることが確実な場〟には、最初から行かない選択をするお金持ちが多いのです。

「値段」ではなく「価値」で買い物をする

お金持ちがセールに行かないもう一つの理由は、**買うタイミングを値段で決めるのではなく、自分にとって今必要かどうかで判断するためです。**

私の妻もときどきやりますが、ステキな洋服があっても、「セールになったら買おう」「安くなったら買おう」と考え、その場では買わないことがあります。

しかしその後、実際にその商品がセールの対象になればよいのですが、いざセールになったらすでにその商品は売り切れていたり、希望の色やサイズがなかったり、セール対象になっていなかったりすることが少なくありません。

こういう失敗をすると、人によってはかなりダメージを受けます。

自分が必要だと強く思った商品は、タイミングを逃さず手に入れるべきでしょう。たとえば洋服ならば、その服を手に入れたことであなたの幸福度が上がるうえに、買った日からすぐに何度も着る機会を得られます。購入のタイミングを遅らせば遅らせるほど使う機会が減っていき、本来の価値を発揮しにくくなるでしょう。

お金持ちの方はそう考えることが多く、そもそも「ほしい！」と思ったらセールを待たずにすぐ買ってしまうため、セールに行かなくなるのです。

家電量販店には足を運ぶ

店側に売り込まれるセールには行かないものの、値引きができる家電量販店には好んで足を運ぶ、というお金持ちの方に出会ったことがあります。

店員とのやり取りによって、〝その場で値引き交渉ができる〟ところがポイントです。

その方いわく、「特に家電の新商品については、〝最新型〟というだけで割高な価格設定になっているので、交渉で値引きをしてもらいやすい」のだとか。

自分で価格交渉ができ、買うかどうかも自分で決められるところが、ここまでにも説明してきたお金持ちのスタンスや感性に合うのかもしれません。
必要なタイミングで、使ったお金以上に価値を引き出せる物を、適切な価格で買う。
お金持ちから学んだ、賢いお金の使い方の大原則です。

お金持ちの合理的な思考

セールでは価格設定が安くても、売り込みにより無駄遣いする危険性も高い。そういった危険な状況には、最初から近づかないほうが安全だと考えている

お金の使い方

4

お金で直接買えないものにこそ、しっかりとお金をかける

駅近不動産は高くても買い

お金持ちは、お金で直接買えないものにこそ価値があることを知っています。

たとえば自宅から職場への通勤にかかる時間には、値札が付いているわけではないので直接買うことはできません。

しかし、たとえば現在の月給を労働時間で割って実質的な時給を計算すれば、通勤にどれくらいの費用がかかっているのか算出できます。

あるいは、電車通勤なら定期代で、車通勤ならガソリン代などで、おおよその費用を計

算することもできるでしょう。

通勤にかかっている時間は、決してタダではないのです。

お金持ちは、こうした「時間コスト」にも敏感なのでしょう。

通勤時間を最短にできる駅近物件を自宅として賃貸したり保有したりしている方が、かなりの割合を占めます。

もちろん、駅近の不動産となると家賃や価格もそれなりに大きなものになりますが、お金があるのでその点はほとんど気にしません。

毎日、少しずつ積み重なる通勤時間を短縮することは、駅近物件に費やす金額よりも大きな価値があると判断しているのです。

ちなみに不動産オーナーや地主の方は、勤めに出ていないこともよくあります。

しかしそれでも、日々の生活が便利で、病院やスーパー、よく使うお店、子どもの教育施設や行政関連施設などが集まっている駅前の栄えた場所に、徒歩数分でアクセスできる位置に自宅を構えているケースが多数派です。

代々の地主のような伝統的なお金持ちは郊外の豪邸に住んでいることもたまにはありますが、ここ一、二代のうちにお金持ちになったような方の場合には、ほとんどが駅近に住んでいます。

また、セレブなイメージのあるタワーマンションに住んでいる方は意外にも少ない印象があります。

相続税の圧縮効果がいずれ使えなくなることを見越したうえで、ちょっと買い物に出るのにもエレベーターでの移動が必須となる上層階での暮らしは、必ずしも住みやすいものとは言えないのではないか、またその住みごこちに比べて価格が高すぎるのではないか、という判断をしている方が多いのかもしれません。

いわゆる普通の分譲マンションの、最上階でもない中層階の少し広めの間取りの部屋に、ひっそりと暮らしているお金持ちはとてもたくさんいます。

生活や通勤の時間コストを節約でき、郊外の豪邸に比べて気軽に友人も呼べ、高額なタワーマンションのようにコストパフォーマンスが悪化していない駅近物件。お金持ちとは、こういう〝お金だけでは買えない価値〟を手にするためなら、そして、それが自分にとって納得いくものであれば、惜しみなくお金を出す人たちです。

「知識」や「情報」にもお金を惜しまない

自宅の位置で短縮できる通勤時間と同様に、自分の頭の中にインプットされる知識にも、わかりやすい値札は付いていません。

しかし、繰り返しますがそういう**〝直接お金で買えないもの〟こそが、人生を有利に、安全に生きていくには決定的に重要**であることを、お金持ちはよく知っています。

そのため、新しい知識や情報、あるいは最近流行りの「リスキリング」のように、新しい技能やノウハウを身に付けられたり、友人・知人との会話に利用できたりする情報源には、惜しみなくお金を出すのも彼らの特徴です。

そうした情報をいち早く入手するのに手間を惜しむこともありません。

ちなみに、お金持ちの方にオススメの情報収集手段を聞くと、ほぼ全員が一致して「本がよい」と答えます。

もちろん人によって違いがありますが、毎月何冊も本を買っている読書家のお金持ちは、実際に非常に多いと感じています。

アメリカのBusiness Management degreeという雑誌に掲載された、読書量を調べた研究データによると、アメリカ人の富裕層のうちおよそ88％は、1日30分以上はビジネス書などの本を読んでいるとのこと。

日本も同じ先進国ですから大勢は変わらないでしょう。お金持ちのほうが本を多く読んでいるのは、一定の根拠があるという話です。

マイクロソフトの元ＣＥＯであるビル・ゲイツ氏は大の読書家として知られています。夏休み前や年末に、自身が読んだオススメ本を投資家に紹介することが恒例となっており、毎年注目を集めています。

お金持ちの方々に言わせると、「テレビは原則として無料で視聴できるけれど、世間ですでに流行っていることを後追いする媒体だから情報鮮度が悪く、時間効率も悪いため最近は視聴時間が減った。またネットの情報は全体像を部分的に切り取ったものばかりで、必ずしも信頼が置けない。それに比べると、本は出版社が編集しているためある程度は信頼できるし、1冊読むことでその分野の知識を体系的にインプットできるのでよい」とのことです。

大変好奇心が旺盛なある知り合いのお金持ちは、「本は発売された時点での世間のニーズやトレンドを示していることが多いから、情報のインプット源としては最適だよ」とも言っていました。

お金持ちの方は、そうした書籍からの情報を少しでも早く手に入れるため、本を買う際には発売日前にネットで予約注文を入れ、発売当日に届くようにしていることもよくあります。

本を発売日に買うことで、最新かつ信頼性の高い情報をいち早く手に入れられますし、その最新情報を誰かに話すことで話のネタにすることもできるからです。

お金持ちのお宅を訪問したとき、私がまったく知らない新しい知識や考え方を教えてもらい、そのあとに「実はこれ、今日発売の本に書いてあったんだけどね」と笑顔を向けられたことは、一度や二度ではありません。

「今日出たばかりの本の内容を知っている人は少ないから、そこに自分の意見や価値観などを少し加えて周囲に話すだけでも、すごい人だって勝手に勘違いしてくれるんだ（笑）」と教えてくれたお金持ちの方もいました。

いずれにせよ、信頼できて新鮮な情報には値段が付けられない価値があると考えて、積極的に買いに行っているのがお金持ちです。

私自身、「本を読むだけで、どんどんまわりと差が付くよ」と話してくれたお金持ちの言葉をきっかけに、本に支払うお金は自分への投資だと考えて、あまり制限せずに使うようにしたところ、仕事はもちろん私生活でも大きな変化が生まれたと実感しています。興味のある本は必ず事前に注文し、発売日に自宅へ届くように手配していますし、書店に行けば「本日発売」のコーナーを必ず見るようにしています。

みなさんも、ぜひ参考にしてみてください。

お金持ちの合理的な思考

時間や知識など、値段が付いておらずお金では直接買えないものこそ、人生を安全・有利に生きていくには重要。そういうものには、お金を惜しまずしっかり使う

お金の使い方

5

「健康」はお金で買えないが、「不健康」は買えてしまう!?

お金持ちがパックではなく量り売りの食品を好む理由

「ウチの家族はお肉好きで、あればあるだけ食べちゃうから、パックのお肉は買わないの」

そう話してくれたのは、とあるお金持ちの女性です。

時間や知識と同様に、「健康」もお金だけでは買えないプライスレスな貴重品。

お金持ちは、お金では買えないものこそが人生にとって本当に大事なものだと理解していますから、健康を気にかけている人の割合が大きい印象があります。

ところで、健康のためにはバランスがとれた適度な量の食事、そして運動が欠かせません。一方で食欲というものは、生物としての原始的な欲求であるためか、どんな人にとっても制御するのが難しいものです。目の前に甘いお菓子や美味しそうな食べ物があれば、誰だってついつい食べすぎてしまいます。

このお金持ちの女性は、そうした家族や自分の意志の弱さをわかっているので、家族みんなが大好きなお肉については常に〝量り売り〟を利用しているとのことでした。パックのお肉では細かい量の調整が難しく、少し多めに料理を作ってしまうことも多いため、毎回、必要な量だけを買うようにしているそうです。

そもそもお金持ちの方も、毎日の食事は普通に家で作っている方が大半です。

自宅にまで有名シェフに出張してもらって高級料理を食べるのはセレブイメージの定番ですが、あれはあくまでハレの行事。メイドさんや使用人に料理を作ってもらうのも、王族レベルのごく一部のスーパーセレブだけの世界です。

大半の家庭では普通にスーパーで食材を買ってきて、家で調理しています。そのほうがコスパもいいですし、健康にもよいからです。例として紹介した女性と同じように、量り売りを利用しているお金持ちの方々も結構多いように思います。

短期的なコスパより中長期的な目線を大切にする

お金持ちは、常に適量の食事をとることを意識している人が多いため、食べ放題やビュッフェ形式のレストランは概して不評です。

これらの形式のレストランでは、たくさんの種類の料理が並べられているので目移りしてしまい、ついあれもこれもと食べたくなってしまうものです。

行動経済学的にも「お金を払っているのだから、時間制限ギリギリまで食べて、少しでも元をとろう」と考える「サンクコスト効果」がはたらくとされます。

結果、気が付けば食べすぎてしまい、お腹も苦しくなりますし、中長期的に見れば健康に悪影響があることは確実でしょう。

そのため、最初からそういうお店には行かない、という合理的な判断をするお金持ちが多いようです。

食べ放題やビュッフェ形式のレストランは一般の方には人気がありますが、それは「少しのお金でより多く食べられるのがお得」というコスパ優先の考え方を、プライスレスな健康にまで適用してしまっている状態です。

健康はお金では買えませんが、不健康はある意味、お金で買うこともできると言えるのかもしれません。

お金持ちは**健康などのお金では買えない貴重なものに、コスパ優先の考え方はなじまない**ことをよく知っています。

私たち自身の健康のためにも、彼らの考え方を見習いたいものです。

お金持ちの合理的な思考

健康はお金では買えない貴重なもの。
こういうプライスレスな貴重品にはコスパ優先の考え方は適用せず、あえて少し不便な方法を選ぶこともある

お金の使い方

6

人脈維持のために消え物のお土産を買う

低コストながら人脈形成に役立つお土産

時間、情報、健康と同じようにお金持ちが大事にするものに「人脈」があります。

本当に役立つ人脈はお金では決して買えません。

だからこそ、**お金持ちの多くは人脈を新たに開拓したり、維持したりするのには日頃から努力をいといませんし、必要とあらば糸目を付けずにお金を投資します。**


人脈への投資といっても金額の大きなものばかりではありません。

お金持ちによく共通する人脈への投資に、「旅先のお土産」があります。

たとえば、知り合いのあるお金持ちの方は大変な旅行好きで、「先日、どこそこに行ってきたよ」と会うたびに旅の話をしてくれます。

そして地域の銘菓など食べ物系のお土産を一緒に手渡してくれます。

こうした少額の投資であれば、誰にでもすぐ真似できると思います。

地域の銘菓など食べ物系のお土産は、手作りで賞味期限が短い物が多いですし、〝そこでしか買えない〟限定商品が少なくありません。

こうした地域の銘菓をお土産として渡されると、現地への興味もわいてきますし、単純に食べたことがない特別感があってうれしいものです。

私はこれまでに、この方から岐阜県の「栗きんとん」、長野県の「あめせんべい」、滋賀県の「琵琶湖産 天然小鮎の佃煮」、愛媛県の「甘平」、熊本県の「誉の陣太鼓」などをお土産として頂きました。それらをきっかけに興味を持ち、家族で実際に旅行した場所も少なくありません。

たかがお土産と思えるかもしれませんが、**習慣としてこまめに渡されると、そのうちお返しをしなくてはならないと無意識に考えるようになります。**人脈形成への投資としては、馬鹿にできない効果があると感じています。

一方で、観光地特有のセンスがビミョーな置物などをお土産にするのは絶対にNGです。こういう物は、自分のセンスに奇跡的に合致したときだけ自分用に買う土産であって、人にあげたら、もらったほうも困ってしまいます。

お金持ちの方から、そういうお土産を頂いたことは一度もありません。

お金持ちは「経験の話し方」も違う

また、お金の使い方とは少しずれますが、旅の話をする際にも、お金持ちの方には一般の方とは異なる特徴があるように感じます。

それは話を伝えるときのスタンスです。

普通は「○○へ旅行に行ってきて、△△という経験をしてきたよ」と話すため、自慢話のように聞こえてしまうものです。

しかしお金持ちの方は、そうした内容も話すのですが、それに加えて「きっとあなたなら、△△の□□に魅力を感じて楽しめると思うよ」などと、こちらの利益まで考えて提案してくれることが多いのです。

「次に行くなら、◇◇もやりたいなぁ」などと、話し相手が自分よりもよい経験をできるように、自身の失敗や現地での気付きをふまえたアドバイスをしてくれることもあります。

こうしたコミュニケーションの仕方にも、彼らの人脈形成の豊かさが現れているように思えます。

お金持ちの合理的な思考

旅先限定の地元の銘菓をお土産にして、人脈に投資するお金持ちもいる。少額なので一般の方にも真似がしやすい

お金の使い方

7

高額商品は見栄えや目先の価格よりも維持費やリセールバリューに注目する

お金持ちの多くは意外と普通の車に乗っている

お金持ちが「普段使いする車」と聞いて、どんな車を思い浮かべますか?

フェラーリ? ランボルギーニ? ポルシェ?

確かに、好んでそうした高級なスポーツカーに乗るお金持ちの方もいますが、それは車が趣味の方だけ。

私が出会った実際のお金持ちの方たちが最も頻繁に乗っていたのは、ごく普通のセダンタイプのハイブリッドカーでした。

具体的に言えば、トヨタのレクサスやクラウン、プリウスなど、あるいはベンツのCクラスやBMWの3シリーズなどです。

多少、高級志向ではあるものの、「意外に普通だな」と感じませんか?

子どもが小さく家族が多いうちは、トヨタのアルファードなどのミニバンに乗る方もいますが、子どもが巣立ったタイミングでセダンに乗り換えられています。

さすがに軽自動車に乗っている方はほとんどいないのですが、それでも、小回りが利く車を好んで、BMWのミニ(クーパー)などの小型車を選んでいる、という方もいました。

ちなみに、本人が経営者の場合には、ベンツのセダンタイプが選択されることが多いようです。これは会社の経費として処理しやすいなどの事情があるようです。

そして最近では、テスラの電気自動車に乗っているという方もチラホラ出てきたものの、意外にも電気自動車はお金持ちにはあまり人気がありませんでした。

維持費とリセールバリューで車を選択

お金持ちの車の選択がこのようになるのは、車の維持費とリセールバリュー(再販価格)

に大いに関係があるように私には思えます。

いかにもセレブ感のある高級スポーツカーは、普通の車に比べると維持費もモンスター級です。

実際に持っているお金持ちの方から、「好きだから乗っているけど、税金（車両税）はもちろん、自動車保険に付帯する車両保険代や、車検などのメンテナンスにかかる費用まで、すべてが普通より高く付く恐ろしい乗り物だよ」と教えてもらったこともあります。

また、いかにもお金持ちが乗っていそうなイメージのあるポルシェのカイエンやベンツのGクラスといった高級ＳＵＶは、駐車場によっては車高やタイヤ幅などがサイズオーバーとなってしまって利用できないなどの使い勝手の悪さがあります。

こうした維持費の高さや使い勝手の悪さを気にして、これらの高級車を選ばない、というお金持ちの方が結構いるのです。

そして、ハリウッドのスーパーセレブなどがこぞって乗っている完全電気自動車（ＥＶ車）については、まだまだ使い勝手が改善途上と考えられているのと、乗り換えをする際のリセールバリューが低い、という主に二つの理由で積極的には選ばれていないようです。

ＥＶ車のリセールバリューについては、実際には一部の車種だけの問題とも言われていますが、ハイブリッド車やガソリン車より低いと見られているのが現実でしょう。そのため、お金をお得に使うことにこだわっているお金持ちには、まだまだ選ばれにくい現状があるようです。

とはいえ、南青山にあるテスラのショールームの前を通ると、購入を検討している芸能人や経営者が出入りしている姿を目にすることがあります。国内でも人気が急上昇中なので、これについては今後潮流が変わってくるかもしれません。

いずれにせよ、維持費とリセールバリューの両方で高いコスパを期待できるのは、高級車やEV車のような「尖った車」ではなく、市場での評価が高く中古のニーズも高い車です。

そうなると、自然とセダンタイプのハイブリッド車が選ばれる、というわけです。

実際、**車の色はリセールバリューが高くなりやすい白か黒がお金持ちでも多数派**で、彼らがこの点を非常に重視していることがわかります。

車のような高額の買い物では、商品の現在価格だけにとどまらず、日々のランニングコストや数年先のリセールバリューまでを考える視野の広さ・深さが必要なのだという教訓を得られます。

ちなみにお金持ちがリセールバリューを必ず考える買い物には、「高級腕時計」や「ブランドバッグ」「宝石類」などもあります。

お金持ちの合理的な思考

高い買い物では目先の支出額だけにこだわらず、維持費やリセールバリューにまで気を配ってお金を使う

8

「これでいい」でなく「これがいい」を基準に選択して支出を減らす

愛着のない物を買っていると支出が増える

ある日、私はアウトレットでビジネスバッグを購入しました。すると後日、そのバッグを見たお金持ちの方に、

「なぜ、そのバッグにお金を使いたいと思ったの？」

と聞かれました。

そのビジネスバッグは、たまたまセールで安く販売されていたので、「別に、これでいいかという軽い気持ちで買ってきました」と伝えると、

「妥協してお金を使う人は、得た物に愛着がわきにくく、結果的に支出が増える」

と指摘されたのです。


わかりやすい例が「ビニール傘」です。

お金持ちの家で、ビニール傘を見ることはまずありません。

自分が価値を感じた商品にだけお金を使うお金持ちは、ほとんどの方が3000円以上の高価な傘を大切に使っています。

一方で、ビニール傘は500円程度の安価でいつでも買えるため、大切にする気持ちが薄くなります。仮にどこかに置き忘れても気にすることはありません。

500円のビニール傘でも、6本買えば3000円です。何度も失くしていたら、結果として3000円の傘より支出が増えてしまうでしょう。

あらゆる道具は、活躍の場を与えることではじめて、支払った金額に対する価値が生まれます。愛着のある傘を持っていると、意識的に活躍の場を気にするようになりますし、傘を忘れることも格段に少なくなります。

お金持ちは愛着のある道具をしっかり使うことで、余計な支出を減らしているのです。

収入1割増よりも支出1割減のほうが簡単

収入が伸び悩む中、物の値段は上がり、税金等の負担が増えている現在、私たちは支出についてもっと厳しい目を向けなければならない時代に突入しています。

とにかく節約しろ、我慢しろというわけではなく、お金持ちのように自分が価値を感じられるものだけにお金を使うことが求められているのです。

「収入を1割増やすことは難しいけれど、支出を1割減らすことは簡単だからね」とあるお金持ちは言います。まさにそのとおりで、入ってくるお金よりも、出ていくお金のほうが、はるかに自分でコントロールしやすいのです。

たとえば「定期的な支出」にいつの間にか組み込まれてしまっているサブスクリプション型のサービスの中で、ほとんど利用していないものはありませんか?

3ヶ月から半年に一度は棚卸《たなおろし》して、不要なサービスは解約すべきです。お金持ちの多くは、こうした手間を惜しみません。

仮に月に1万円の支出を抑えることができれば、1年で12万円、10年で120万円、30

年で360万円ものお金を節約できます。

こうして浮いたお金の一部または全部を金融投資に回し、年月をかけて増やしていけば、特別なことをしなくてもまとまった資産を築くことができるのです。

節約のスキルは生涯に渡って活用できます。お金持ちのやり方を参考に、身に付けておくに越したことはないでしょう。

「これでいい(妥協)」から「これがいい(価値)」へ

私がお金持ちから学んだ節約のコツは、お金を使うときに「これでいい(妥協)」ではなく「これがいい(価値)」という考えで、商品やサービスを選ぶことです。

「これでいい」という言葉には、「本当は別のものがいいけれど、仕方がないのでこれにしておく」というニュアンスが含まれています。そのように思いながらお金を使っていると、商品やサービスに愛着や満足感を覚えず、ビニール傘の例で示したように結果として支出がかさんでしまうのです。

反対に「これがいい」という言葉には、価値に対する評価、本人の意思による判断がともなうため、商品やサービスに対して愛着と満足感を得ることができます。

普段の生活の中で、「これでいい」と思いながら買い物をしている人は、今この瞬間から「これがいい」と言い換えるように意識してみましょう。

言い回しを変えるだけで、自分の使ったお金に価値を感じやすくなり、満足度を高めることができるでしょう。

その結果として、無駄な支出を抑えることにつながるのです。

お金持ちの合理的な思考

安価だから「これでいい（妥協）」で購入すると、結果として支出が増える。「これがいい（価値）」を基準に選ぶと、愛着と満足度が上がり、浪費を防げる

お金の使い方

9

「毎日長時間使う物」から順にお金をかけて生活満足度を高める

「ベッドと枕」にお金を惜しまないわけ

あるお金持ちの方に「しっかりお金をかけている物は何ですか?」と尋ねたところ、「ベッドと枕」と答えられて驚いたことがあります。

その理由は、「1日で一番長く使う物から順にお金をかけたほうが、満足度が高いから」というもの。これは「コンフォート原則」と呼ばれ、**毎日長時間使う物から順にお金をかけると、日々の満足度や幸福度が高まる**という考え方です。

私の知る限り、「生活の満足度が低い」と言っている人に限って、高級ブランドのバッグなど普段はあまり使わない物を多く持っているように思います。

ベッドや枕にこだわるお金持ちは「着飾って見栄えをよくする物にお金をかけたい気持ちはわかるけど、お金をかける順番としては間違っているよね」と言います。

高級ブランド品をいくら眺めても身体の疲れはとれません。

日々の生活のことを考えるのであれば、1日の疲れを癒すために、毎日6～8時間は使うベッドなどの寝具、パジャマなどにお金をかけるほうが満足度は高くなります。

テレワークをする人であれば、長時間使う椅子やデスクにお金をかけるのが、賢いお金の使い方というわけです。

あるいは家族と家で過ごす時間が長い人は、リビングの家具などがお金をかける優先順位の高い物となるでしょう。

想像してみてください。

【壁に高級ブランドの服やバッグがかかっている部屋で、身体に合わない椅子に座り、高さの足りないテーブルで食事をし、反応の悪いスマホにイライラしながら、寝心地の悪いベッドへ向かう生活】

【壁には何もかかっていないけれど、身体に合った家具で食事を済ませ、快適に使えるス

マホを片手に、寝心地のよいベッドへ向かう生活】

後者のほうが、日々の満足度が高いことは一目瞭然です。

実業家の堀江貴文さんなど多くのＩＴ系の経営者は、新機種が出るたび最新のスマホに変更しているそうです。スマホは普段から長時間使う物という認識があり、それにお金をかけることが自分のストレスを減らし、満足度を高めるとわかっているからです。

家族それぞれの「コンフォート原則」でお金を使う

同居家族がいる人は、それぞれが長く使う場所や物（道具）を考えることが大切です。

わが家の場合、私が最も長く時間を過ごす場所は「テレワークなどの作業スペース」で、妻と息子が最も長く時間を過ごす場所は「リビング」でした。

ちょうど家にリノベーションが必要なタイミングだったこともあり、部屋を一つ潰してリビングを広くしたことで、妻と息子の満足度は大幅にアップ。

同時にリビングの脇に作業スペースを作ったため、私の満足度もアップするとともに、リビングに家族が集まる時間が増えました。

また、長時間使う〝道具〟についても、家族によってそれぞれ違います。

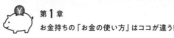

私は仕事をするための「机」が、妻は家事をしながら韓国ドラマを観るための「ソファー」が、息子は大好きなスター・ウォーズシリーズを大画面で観るための「テレビ」が、それぞれ最も長時間使う道具でした。

毎日、長く使う道具から順に、妥協なく満足のいく物を選ぶことで、それらの道具を大切にしようという思いとともに、生活上の高い満足感を得ることができます。

これがお金持ちが実践している、賢いお金の使い方です。

お金持ちの合理的な思考

1日に長い時間を過ごす場所・アイテムから順にお金をかける。そうすると生活満足度が上がり、快適な毎日を送ることができる

COLUMN 1

節約生活をしていたら家族との思い出が作れず、一家離散したAさん

東北地方に住む70代のAさんは、地元で就職し、2人の子どもに恵まれ定年まではたらきました。

Aさんは高校卒業後、周囲のほとんどが就職する中で東京の大学に進学。地元では相当目立つ存在だったようです。大学卒業後に地元へ戻ってきたそうですが、「正直、みんなバカに見えましたよ」と地元の人を見下していたと言います。

どうやら、自分は東京で学んできたため、田舎の人よりも情報を豊富に持っているという自負があったようです。

一方でお金に関する考え方については、大学時代に浪費に明け暮れていた友人を反面教師とし、できるだけ使わずに貯めるほうがよいという思考がすっかり固定された状態になっていました。

たとえば、食事は専業主婦の奥様が常に用意し、子どもが小さい頃から外食は一切して

いません。家族での泊まりがけの旅行も贅沢と考え、家族旅行は人生で一度しか行ったことがないとのこと。キリスト教徒ではないとの理由から、子どもにクリスマスプレゼントを渡したこともないそうです。

子どもに読んで聞かせていた本は『アリとキリギリス』。「遊んでばかりいると、将来困るぞ」が口癖で、「老後、家族でお金の不自由なく暮らすためだ」と言っては、子どもからのお出かけのリクエストや遊びの誘いを断り続けていたそうです。

しかし定年となり、気が付けば子どもたちは就職とともに県外へ。「無駄なお金を使うから」という理由で、家族そろって地元のお祭りなどの行事に参加することもなかったことから、子どもたちの故郷への愛着も少なく、ほとんど実家に帰ってくることはないそうです。

のちに、奥様も家を出て行ってしまっています。

Aさんはお金には困っていないものの、一家が離散してしまったことにひどく気落ちしていました。

「私は、何が間違っていたんですかね？」とご相談を頂きました。

お金を使うタイミングなど、振り返って理由を説明することもできましたが、将来を前向きに考えてもらいたいと思い、私はお金持ちの方々から学んだ「過去の失敗から学び、未来へ投資するお金の使い方」をアドバイスすることにしました。

お金持ちは、過去のお金に関する失敗を悔やみ続けることはありません。失敗の原因を分析することが、次に同じことをする際にもっとうまくやるための秘訣だとわかっているからです。一度や二度の失敗ではコツがつかめなくとも、失敗を分析し続けることで、いつかはうまくやるための感覚を身に付けられます。

私の場合も、30代にしてはじめて営業職を経験し、失敗が続いたことで精神的に落ち込んでいた時期がありました。しかし、お金持ちからこの考えを学び、実践してコツをつかんでからは、進んで失敗を受け入れられるようになりました。

Aさんへ、次のようにアドバイスしました。

「今からでも、お子さんやお孫さんにお金を使ってみてはいかがでしょうか?」

このままの生活を続けてしまうと、Aさんは家族との思い出を作ることができません。老後資金は潤沢にありますから、お金を効果的に使ったほうがよいと考えました。

お金持ちは「最大の効果が得られる投資先は、自分の子どもだよ」とよく言います。子どもは大切な思い出を作ってくれるだけでなく、いずれ自分の資産を受け継ぐことにもなる存在です。自分以上の能力を持った人材に育ってほしいと考えて投資をすれば、必ず将来リターンが返ってきます。

この話を思い出しながら、Ａさんには「これまでの人生でつちかったノウハウや、学んできたことを、少しでも次の世代に伝えてみてはいかがでしょうか？」とお伝えしました。

現在Ａさんは、子どもや孫に会うために定期的に県外へ出かけているそうです。

突然、頻繁に来るようになったＡさんになかなか馴染めず、会うたびに泣いていたお孫さんも、今では一緒に写真を撮ってくれるようになったとのこと。

「いつか妻と一緒に、孫に会いに行きたいです」と前向きに考えられるようになっている姿を見て、本当によかったと感じました。

第2章

行動経済学を無効化する「お金持ちマインド」

お金持ちマインド
1

お金持ちは行動経済学に左右されない合理的な判断と行動ができる

常に合理的な判断・行動をするためには？

お金持ちの「合理的なお金の使い方」を知っても、なかなか実践できない人もいるでしょう。

私たちはつい、「機能は変わらないのに、なんとなく高いほうを買った」「必要ではなかったのに、まわりが持っていたのでほしくなった」など、非合理的な判断をしてしまいがちです。

ひと昔前の経済学では、「人間は常に合理的に判断して行動する」と考えられ、個人も会社も政府も、最大限の利益と最小限の損失を求めて行動するとされていました。

しかし実際は、人間は直感や感情に左右されて、合理的ではない行動をとってしまいます。このような非合理なことをしてしまう心の動きに焦点を当て、経済の動きを読み解いていくのが「行動経済学」です。

行動経済学は、株価や為替レートといった金融動向や、個人の消費に関する行動などの経済動向をつかむうえで非常に効果的だと言われています。現代の実社会における販売戦略にも大いに活用されています。

つまり、**私たちは行動経済学に基づいた販売戦略によって、「非合理な判断や行動」に誘導されていることが多々あるというのです。**必要のない物や買う予定のなかった物を買ってしまうのは、行動経済学の理論どおりの行動をしてしまっていることを意味します。

これは反対に考えれば、「行動経済学に左右されない」ようにすれば、合理的な判断や行動ができる割合が増えることを意味します。

それを体現しているのが、お金持ちの方々です。彼ら彼女らは、行動経済学の理論から外れて合理的な判断や行動ができていることが多いのです。

本章では、行動経済学を知ると同時に、それに左右されないお金持ちの「合理的な判断をするためのマインド」を学んでいきましょう。

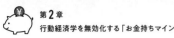

「得」よりも「損」は2倍大きく感じる

次のような場面を想像してみてください。

【事例】

道で1万円を拾い、ポケットに入れたあと、その1万円を落としてしまった。拾ったお金にもかかわらず、損をしたような気持ちになった。

【行動経済学の理論】

この事例は、行動経済学を理解するうえで重要な、心理学者で行動経済学者のダニエル・カーネマン氏らが提唱した「プロスペクト理論」で説明できます。

プロスペクト理論とは、「不確実な状況で意思決定を行う場合、事実とは異なる認識の歪みが作用する」という意思決定モデルを表した理論です。意思決定には、客観的事実のみでなくその人が置かれた状況も作用するため、感情などの歪みによって合理的な意思決定ができないケースがあることを示しています。

この例では、合理的に見れば同じ金額を得てから失っているため、「得」も「損」もしていません。しかし、「1万円儲けたときのうれしさ」と「1万円損したときの悲しみ」は、同じ金額なのに心理的なインパクトが異なります。

研究結果により、同じ量の「得」と「損」を比較すると、「損」のほうが約2倍大きく感じるということがわかっています。そのため、実際は損をしていないのに「損したような気持ち」になってしまうのです。

【お金持ちはこう考える】

こうした感情の歪みは、多くの人がごく一般的にかかえるものなのですが、驚くべきことにお金持ちはそうとは限りません。もちろん全員ではありませんが、お金持ちには「得」と「損」をまったく同じように捉えられる人が多いのです。

行動経済学のプロスペクト理論を学んだ私は、少し意地悪な調子で、先ほどの「1万円を拾い、のちに落とした場合」の感情の変化についてお金持ちの方たちに質問してみました。

すると、ほとんどのお金持ちは、

「手元のお金は変わらないんだから、感情も変わらないでしょ」

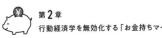

「資産が増えることも減ることもないのなら、なんとも思わないよ」
とあっさり話し、驚くほど合理的だったのです。
1円でも大切にする人たちなので、資産が多すぎて〝1万円くらいでは感情が動かない〟というわけでもないようです。

私は、感情の歪みの影響を受けにくいお金持ちと、感情の歪みの影響を受けやすい一般の方には、「お金の捉え方」に違いがあることに気付きました。

お金持ちがお金をただの「数字」として捉えているのに対して、一般の方はお金を大切な「物質」として捉えているのです。

お金持ちは、普段から自分の資産管理や金融投資などで、お金をただの「数字」として捉えることに慣れています。だから数字の増減によって感情が歪むことがありません。
一方で一般の方は、お金を財布の中の小銭やお札といった大切な「物質」として捉えがちです。そのため、お金に愛着や所有欲がわき、感情の歪みを大きく受けるのではないかと私は考えています。

【学びの実践】

この違いに気付いた私は、さっそく持ち歩く現金を減らし、クレジットカードや、交通系ＩＣカードでの決済をフルに活用することにしました。

そうすると不思議なもので、お金を「ただの数字」と捉える感覚が身に付き、「得」や「損」で感情を揺さぶられることがグッと減ったのです。

感情をコントロールして合理的な判断を下すうえで、お金をただの「数字」として捉える方法は非常に効果的です。

お金持ちの合理的な思考

お金持ちは行動経済学の理論を乗り越えて、合理的な判断や行動ができることが多い。お金を「数字」として捉えると、感情の歪みをコントロールしやすい

お金持ちマインド

2

お金持ちは「みんなが持っている」などの流行に振り回されない

まわりと同じ行動をとってはならない

【事例】

買うつもりはなかったけれど、みんなが持っているのを見て、ついつい自分もほしくなって買ってしまった。

誰しも一度はこんな経験があるのではないでしょうか。

ほかにも、「行列のできているお店のほうが、できていないお店よりも美味しいと思ってしまう」「スーパーに行って、同じ種類の商品を買う際、売れ残っている商品よりも、たくさん売れている商品のほうがいいと思う」、このような心理も同様です。

「みんなが行っている（持っている）」という安心感に基づいて判断してしまうのです。

【行動経済学の理論】

このように、まわりと同じ行動をとってしまうことを、行動経済学では「バンドワゴン効果」と呼んでいます。

バンドワゴンとは、パレードの先頭を行く楽隊車のことで、パレードで楽隊車の後ろに行列が続く様子をイメージして名付けられたそうです。

街でよく見かける「当店の人気Ｎｏ・１商品」「芥川賞受賞！」「累計１万個売れました！」「１００万ダウンロード突破！」などの広告も、このバンドワゴン効果を見込んで行われています。

広告だけでなく、店内でもバンドワゴン効果は活用されています。

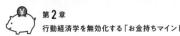

たとえば飲食店であれば、あえてテーブル数を減らし、意図的に混雑させることがあります。店外まで行列を作らせることで、まわりから見たときに「このお店は流行っている」と思わせるためです。

新規出店から3ヶ月間は、あえて席数を減らしているという飲食店のオーナーもいるくらいですから、効果は大きいのでしょう。

サクラを使って行列を長く見せることも、バンドワゴン効果の活用例の一つです。


このように街には、売り手の工夫によって意図していなかった買い物を促され、お金を使ってしまうきっかけがあふれています。

一般の方の多くは、バンドワゴン効果に気付くことなく行動を促されているのです。

【お金持ちはこう考える】

しかし、お金持ちは違います。

お金持ちは、自発的なお金の使い方を軸としているため、知らない人に促されたからといって、ホイホイとお金を使うことはありません。

お金持ちがお金を使うときは、周囲の雑音とも言える広告には目もくれず、目的に一直線に向かい、さっさと買い物を済ませてしまう傾向にあります。

季節のセールには絶対に行かないというお金持ちがいましたが、理由を聞くと「広告によって感情を揺さぶられることで、合理的な判断ができなくなるため」とのことでした。

結局、その場の感情によって買った物は、あとになって自分の価値観から少しズレていることに気付いたり、愛着がわきにくいことで使用頻度が下がったりと、あまりよい記憶がないそうです。

ちなみに、列に並ぶことを嫌いそうなお金持ちですが、並ぶことに抵抗がない人もいました。しかし、口をそろえて言われたことは「先頭であれば並ぶ」とのこと。

私の知るお金持ちの方々は、いつも好奇心旺盛です。そのため、すでに誰かが並んでいるお店ではなく、**まだ誰も並んでいない新しいお店を見つけては、その先頭に並ぶことで、誰よりも早く情報をキャッチしている**のです。

また、お金持ちの界隈では金融投資の話が盛んですが、「まわりが買っているから、自分も同じ銘柄を買おう」とは、すぐにはなりません。

仮想通貨（暗号資産）への投資がＳＮＳなどで話題になった頃に、一般の方が一斉に投資に向かって行動することがありましたが、情報収集や経験を目的とする一部の方を除き、多くのお金持ちはすぐに手を出すことはありませんでした。

【学びの実践】

私もお金持ちにならって、季節のセールに行くことをやめました。

そのほかにも、広告の誘惑にさらされることを避けるため、「買いたい物があるかどうかを探すためにお店に行く」といった行動はやめ、以降は「買いたい物があるから、それを買いにお店に行く」もしくは「必要な情報を集めるためにお店には行くが、何も買わない」のどちらかに決めています。

また広告や行列を見るたびにバンドワゴン効果のことを思い出し、「どんな仕組みで感情を揺さぶろうとしているんだろう?」と考えることで、かなり冷静に判断を下すことができています。

お金持ちの合理的な思考

広告や行列は「バンドワゴン効果」を狙った販売戦略。感情をコントロールして「自発的な買い物」に徹しよう

お金持ちマインド

3

「期間限定」などチャンスを逃すと損をするという呼びかけに応じない

「損をしたくない」という意識は危ない！

【事例】

「先着100名限定」「7日間に限り割引」「今だけ無料」「○○を見たと言って頂ければ半額」などの広告を見て、買う予定のなかった物を買ってしまう。

【行動経済学の理論】

このような「チャンスを逃すと、損をしてしまいますよ」という呼びかけに反応してしまう人間の傾向のことを、行動経済学では「損失回避性」と呼びます。

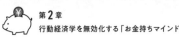

この機会を逃したら手に入らなくなるかもしれない、お得に買い物するチャンスを逃したくない（損をしたくない）という感情を巧みに操られ、購買意欲をかき立てられるのです。

家電量販店や決済サービスなどで目にすることの多い「期間限定のポイント付与」も、期限切れまでに次の購入を促すものなので、損失回避性を利用した手法だと言えます。

損失回避性について、前述したダニエル・カーネマン氏らは次のような実験で実証しています。

質問1　あなたの目の前に、以下の二つの選択肢が提示されたものとする。

Ａ：１００万円が無条件で手に入る

Ｂ：コインを投げて「表」なら２００万円が手に入るが、「裏」なら何も手に入らない

質問2　あなたは２００万円の負債をかかえているものとし、そのうえで以下の二つの選択肢が提示されたものとする。

Ａ：無条件で負債が１００万円減額され、負債総額が半分となる

B：コインを投げ「表」なら支払いが全額免除、「裏」なら負債総額は変わらない

質問1では、ほぼすべての人が、確実性の高い「A」を選びました。

質問2の場合、質問1で「A」を選んだ人であれば、質問2でも同じように「A」を選ぶだろうと推測されましたが、質問1で「A」を選んだほぼすべての人が、ギャンブル性の高い「B」を選ぶことが実証されています。


この一連の結果が何を意味するかというと、
・人は目の前に利益があると「利益が手に入らないというリスクの回避」を優先する
・人は目の前に損失があると「損失そのものを回避しようとする」傾向がある
と言えます。

前述したプロスペクト理論（74ページ参照）が説明するように、人は「得」をしたときの喜びよりも、「損」をしたときのショックのほうが大きくなるため、できるだけその損を回避しようと考えるようです。

ちなみに、この特性を利用したサービスの一つが「全額返金保証」です。「購入したあとで満足できなかった場合、全額返金します」と保証されていると、損をするリスクがな

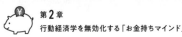

くなるので、消費者の購入のハードルはグッと下がるのです。

【お金持ちはこう考える】

損失回避性について、あるお金持ちの方に見解を求めたところ、「そもそも安く買えなかったことは、損失なのかな?」とバッサリ。

必要なものであれば、必要なタイミングで手に入れるのが最も高い満足感を得られるため、のちに安く売っていたとしても、一切心は痛まないとのことでした。

お金持ちの買い物の仕方や心構えは、根本的に違うことがわかります。

【学びの実践】

私も損失回避性を利用した広告に振り回されないように徹底したことで、無駄遣いがグッと減りました。

広告を見て感情を揺さぶられたときは、一度立ち止まって、「〝絶対に〟その先着100名に入らなければいけないのか」「〝絶対に〟この7日間のうちに買わないといけないのか」と考えてみてください。

〝絶対に〟と言われると、「それほどではないかな」と自信が持てなくなるものは多く、その場合は広告に踊らされ、浪費の入口に立っていたことに気付きます。

ちなみに、「損失回避性」は消費者側がお得に利用することもできます。

先日、洗濯機を買いに家電量販店へ行ったとき、洗濯機コーナーにいた販売員に、「洗濯機か冷蔵庫のどちらかを買おうと考えている」と伝えてみました。すると販売員は、目の前のお客様を失いたくないという思い（損失回避性）がはたらき、販売員のほうから値下げやサービスについての提案をしてきたのです。

人は「お得です」と訴えかけられるよりも、「損しますよ」と訴えかけられたほうが、行動を促されてしまうことがわかります。

お金持ちの合理的な思考

お金を使う際には、〝今〟〝絶対に〟それが必要なのか、一度考えてみる。そうすれば広告に踊らされて浪費してしまうことがグッと減る

お金持ちマインド

4

「お金を払った分だけ元をとろう」とは考えない

「元をとろう」とサブスク動画を無駄に観るのはNG

【事例】

ビュッフェスタイルのレストランで、「せっかくだから、もう一品」とお腹がいっぱいなのにたくさん食べてしまう。

【行動経済学の理論】

このように「せっかくお金を払ったのだから」と考えて、もともと予定していなかった行動をしてしまう人は少なくないでしょう。

お金を使ったら、その分を取り戻そうと考えることを、行動経済学では「サンクコスト効果」と呼びます。サンクコストとは「回収できないコスト」という意味です。

たとえば、ギャンブルで負けが続いているにもかかわらず、次は当たるかもしれないという心理になって、お金を使い続けてしまい、より損失を増やしてしまう。これは、「サンクコスト効果」がはたらいたわかりやすい例です。

損失回避性で説明した「全額返金保証」の商品やサービスにも、「サンクコスト効果」が利用されています。

返品していいよと言われても、そのサービスや商品を利用するために自分がかけた時間をもったいないと考えてしまい、結果的に利用し続けることを選んでしまうのです。

定額料金で利用している、動画のストリーミングサービスもその一つでしょう。

毎月引き落とされているお金は戻ってこないため、支払った額以上の満足を得ようとして、もともと観る予定のなかった映画やドラマまで観てしまい、ダラダラとした時間を過ごしてしまうのです。

【お金持ちはこう考える】

しかし、お金持ちは違います。

動画のストリーミングサービスであれば、自分の観たい映画やドラマのみを視聴し、それ以外については目もくれません。

お金よりも時間を大切にするお金持ちは、目的に対する対価として、納得したものにだけお金を使い、それ以上元をとるために自分の時間を使おうとは考えないのです。

ギャンブル同様に、サンクコスト効果に陥りやすいのが投資です。

株式などの投資で、損が出ているときに資産を売却して損失を確定させることを「損《そん》切《ぎ》り」と言いますが、サンクコスト効果に陥り「お金をかけて元がとれていないのはもったいない」「また上がるかもしれない」という心理から、適切な損切りができなくなり、結果的に損失が大きくなることがあります。

投資に長けているお金持ちは、こうした事態を回避するため、あらかじめ「○○円以上損が出たら売る」「株価が□□円になったら売る」などと決めておくことで、感情に左右されることなく、合理的な判断をして損失を減らしているようです。

あるお金持ちの方とサンクコスト効果について話しているとき、「もし、もったいないと感じるのなら、お金を支払っているサービスで取り戻そうとは考えずに別のことに時間をかけて、新しい価値を得ることに注力したほうがよいのでは？」と指摘されました。この考えは、一般の方にも参考になると思います。

【学びの実践】

お金持ちは、常に未来に向けて考えを膨らませています。

サンクコスト効果は、過去の自分の行動や支払った対価を引き合いに出し、「もったいない」「元をとろう」と感情が揺さぶられるものです。

私はお金持ちに学び、未来に目を向けるようになりました。すると、驚くほどサンクコストが気にならなくなりました。

何かをやめることのもったいなさやデメリットではなく、やめることで得られる未来のメリットに目を向けることができるようになったのです。

少し話を広げると、「転職」についても同様のことが言えるでしょう。

長年の活動の中で形成した良好な人間関係をリセットするのは「もったいない」という心理がはたらいて、気分が乗らない業務に関わり、はたらき続けてしまう人がいます。

そんなときは、職場を変えることで得られるメリットに目を向けることが大切です。新たに人間関係を築くためのストレスは感じるかもしれませんが、組織の違いや企業風土の違いから得られる気付きは多く、将来の選択肢を広げるという意味で大きなメリットがあります。

お金を使う際には、これまで払ってきた時間とお金よりも、これから払う時間とお金のほうが将来に向けた価値が高いと考えましょう。

お金持ちの合理的な思考

払ってきたお金のことではなく、これから払うお金のことを考える。過去ではなく未来に投資することで得られるメリットのほうが大きい

お金持ちマインド 5

値下げされた商品は、通常価格を見ずに商品価値で見極める

値下げ商品はお得ではありません

【事例】

家電量販店では、通常価格にバツ印を付け、その下に値下げした特別価格を記載することで、特価品だと示していることが少なくありません。

たとえば、電子レンジ売り場に次のような商品が並んでいたとします。

商品A：通常価格4万5000円
商品B：~~通常価格5万3000円~~ ⇩ 特別価格3万3000円（2万円引き）
商品C：通常価格3万円

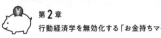

サイズや機能が同じであれば、値引きのお得感から、多くの人が「商品B」を選ぶのではないでしょうか。

【行動経済学の理論】

これは、行動経済学における「アンカリング効果」を狙った手法です。

アンカリングとはもともと、アンカー（錨）によって船を水上につなぎとめることを意味します。ここから、行動経済学ではアンカー（先に与える情報）によって思考が誘導されてしまうことを指します。

家電量販店の例では、通常価格がアンカーとなることで、特別価格がひときわ安く感じられるのです。人は最初に与えられた情報に引きずられて判断をしてしまう傾向にあると言われています。これが「アンカリング効果」です。

私たちの身のまわりには、「アンカリング効果」を活用した、お金を使わせるための工夫があふれています。

【お金持ちはこう考える】

ちなみに、先ほどの例の場合、お金持ちの目には次のように映るようです。

商品A：4万5000円
商品B：3万3000円
商品C：3万円
販売価格をフラットに並べて、その商品の持つ価値と見比べたうえで、納得したものを買う。この場合、サイズや機能が同じであれば、迷いなく「商品C」を買うでしょう。

あるお金持ちの方から、子どもに誕生日プレゼントを購入する際、アンカリング効果を感じた経験を教えてもらいました。

小学5年生の息子に「誕生日プレゼントにほしいものは何？」と聞いたところ、「コレ！」と見せられたのは、5万円もするレゴブロック。

さすがに11歳には早いと思い、「ブロックの難易度も値段も高いよ」と伝えたところ、「じゃあコレ！」と指をさされたものは2万円のレゴブロック。

すると、前の商品よりも安く感じ、思わず「いいよ」と言いそうになったそうです。

しかし、そもそも小学生に与えるものとしては値段が高すぎると考え直し、適切だと感じた額のものを別の棚から選び、買ってあげたそうです。

【学びの実践】

このお金持ちの方の話には、アンカリング効果に騙されないためのヒントがあります。それは、「情報を増やす」ことです。

誕生日プレゼントの例では、「5万円の商品」という情報のあとに「2万円の商品」が出てきたことで、一見安くなってお得だと勘違いしかけましたが、「小学5年生へのプレゼントの適正額」という情報を加えることで、冷静な判断ができるようになったと言えます。

そこで私は、**お金を使う前に情報を増やすため、「このお金でほかに手に入れられるものは何か」を考えるようにしました。**

その結果、社会人1年目から続けていた、海外サッカーチームのユニフォーム収集癖がなくなりました。

それまで私は、定期的に海外へ行く人にユニフォームを買ってきてもらっていました。「自分で海外に行く費用」よりも「ついでに買ってきてもらう費用」のほうが安いので、勝手にお得だと思い込んでいたのです。

しかし、その費用を利用すれば「家族と楽しい時間を過ごせる」ことに気付き、ユニフォームの収集自体をやめる選択ができたのです。
このように違った視点の情報を加えると、合理的で冷静な判断ができるようになります。

お金持ちの合理的な思考

お金を使うときには、最初に与えられる情報に惑わされないこと。商品の適正額を見極め、その金額でほかに何ができるか考えると、合理的な判断がしやすい

お金持ちマインド

6

「成功率90%」と「失敗率10%」を同じ感覚で捉える

広告の巧みな言い回しに騙されない

【事例】

手術を必要とする病気にかかったとして、医師から「この手術が成功する確率は95%です」と言われるのと、「この手術が失敗する確率は5%です」と言われるのでは、どちらに安心感を覚えるでしょうか。多くの人は前者のはずです。

成功率95%、失敗率5%。どちらも確率としては同じであるにもかかわらず、その感じ方や受け止め方には、かなりの違いがあります。

【行動経済学の理論】

このように、表現が異なるだけで意思決定に違いが生まれることを、行動経済学では「フレーミング効果」と呼びます。

フレーミング効果は、同じ意味を持つ情報であっても、焦点の当て方により、人にまったく別の意思決定を行わせます。

そのため、商品やサービスを売るうえで、いたるところに活用されています。

たとえば次のキャッチコピー。どちらが魅力的な商品でしょうか?

「お客様満足度90%」と「お客様不満足度10%」
「契約者の90%が継続するサービス」と「契約者の10%が解約するサービス」
「99%の紫外線をカット」と「1%の紫外線はカットできない」

言わずもがな、いずれも前者のほうが魅力的です。

「99%の紫外線をカット」という広告では、カット〝できる〟という得をする側面に目が向くのに対して、「1%の紫外線はカットできない」という広告では、カット〝できない〟という、損をする側面に目が向いてしまうからです。

フレーミング効果は、商品の表記などでも活用されており、たとえば栄養ドリンクの成分について「5g配合」から「5000㎎配合」と単位を変えるだけで、配合量が多いような印象を持たせることができます。

フレーミング効果は、価格の表記にも応用されています。

「年会費5万4750円」ではなく、「1日あたり150円、毎日買うコーヒーと同じ金額」と書かれたほうが、手を出しやすいと感じてしまいます。

実際にこういった表記を使った広告は多く、価格を細分化することで、お手頃なイメージを演出しているのです。

【お金持ちはこう考える】

お金持ちはフレーミング効果を見破るのに長けています。

本当はいらないものを買ってしまうリスクを徹底的に排除するため、広告で「お客様満足度90％」と書かれていても、「不満を持つ人が10％いる」と、自分の頭の中で改めて逆の表現で捉えるようにしている方が多いのです。

また、フレーミング効果を見破るためには、言い回しを気にせずに期待値を計算して、数字で捉えることが有効です。

投資の話が多く舞い込むお金持ちは、大切な資産を守るためにも、セールストークや耳触りのいい情報に振り回されることなく、フラットな視点から判断を下す必要があります。

たとえば「50％の確率で600万円儲かる投資」と「20％の確率で1500万円儲かる投資」は、一見後者のほうが儲かりそうな気がしますが、計算すると、期待値はどちらも300万円で同じなのです。

このようにお金持ちは、大切な資産を守るため、売り手の表現や工夫を見抜く術を持っているのです。

【学びの実践】

もともと私は、グラフィックデザイナーとして広告制作に関わっていた経験もあることから、お金持ちの学びを受けて以来、広告の裏を読むことが楽しくなりました。

たとえば「糖分10％オフ」と書かれていれば、「90％の糖分は残っているんだな」と、「三人中二人が使っています」と書かれていれば「残りの一人は何を使っているんだろう」とイメージを膨らませています。

このように広告の裏側を読むことで、お金を使う前に考える時間が生まれ、結果的により合理的な判断ができるようになりました。

お金持ちの合理的な思考

広告の「裏」を読むことで、商品やサービスの本当の価値を見極める。お金を守るためには、販売者の意図や工夫を読み解くスキルが必要

お金持ちマインド

7

割引率に惑わされず、「割引額」そのものを見る

得か損かは、割引率ではなく割引額で決まる

【事例】

これは、私の友人が実際にした行動です。

友人は電子ポットを買い替えようと、家電量販店Aで8000円の値札を見たあと、スマホで調べて、駅を挟んで反対側にある家電量販店Bでは同じ商品が7500円で売っていることを知ります。友人は少しでも得しようと考え、家電量販店Bまで足を運び、安い電子ポットを購入しました。

半年後、友人はテレビを買い替えることにしました。

前回安く購入できた家電量販店Bへ行き、20万円の値札を見たあと、スマホで調べてみると、今度は家電量販店Aでは19万9500円で売っているとの情報を発見。

合理的な判断をするのであれば、500円安い家電量販店Aで買い物をしそうなものですが、友人はそのまま家電量販店Bでテレビを購入したそうです。

7500円の電子ポットと、19万9500円のテレビ、どちらも同じ500円引きにもかかわらず、電子ポットを買うときは別のお店まで移動し、テレビを買うときは移動することなく高いお店で買いました。

つまり、8000円に対しての500円と、20万円に対しての500円とでは価値が違うと判断したのです。

【行動経済学の理論】

この例のように、扱う金額が大きくなると、損得の印象が小さくなることがあります。このような心の動きを、行動経済学では「感応《かんのう》度逓減《ていげん》性」と呼びます。

たとえば不動産や自動車、結婚式費用など、何百万～何千万円という単位の買い物をするときに、数万円程度の追加オプションを安いと感じてしまう心理現象です。扱う金額が

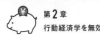

大きくなると、お金に対する感応度が下がってしまうのです。

もっとわかりやすい例が宝くじの高額当選者です。宝くじで莫大なお金を手に入れた人は、お金に対する感応度が極端に下がり、そのまま人生を壊してしまうケースが少なくないことが知られています。当選金を浪費して破産したり、詐欺などの金銭トラブルに巻き込まれたりなど、かえって不幸になる人も少なくないのです。

そうした不幸を起こさないためにも、宝くじを発行している自治体は1000万円以上の高額当選者に対して、『【その日】から読む本』という小冊子を用意しています。当選金の使い道について、「借金やローンの返済を優先する」といった〝お金の使い方〟から、「仕事を辞めないこと」「冷静になって落ち着くこと」など、〝大きなお金を持ったときの心得〟が載っています。

宝くじの例からもわかるように、**人は利益や損失の割合が大きいときにはその差に敏感になるものの、割合が小さくなると、その差に対する感度が鈍くなります。**

【お金持ちはこう考える】

しかし、お金持ちは違います。

一般的なイメージとは逆に、お金持ちの多くは金額の大小にかかわらずお金を大切にする傾向があります。

あるお金持ちのご自宅に伺ったとき、たまたまテーブルの上に「海外旅行のチラシ」と「高級車のＤＭ」を見つけたことがありました。

・海外旅行　２００万円⇩１８０万円
・高級車　６００万円⇩５８０万円

と記されています。

私が二つを見比べて、「この海外旅行は一割も安くてお得ですね」と言ったところ、そのお金持ちは「なんで？　割引額は同じじゃない」とバッサリ。

直感には反するものの、改めて考えてみれば「確かに……」と納得できます。このお金持ちからは、**「割引は、〝率〟ではなく〝額〟を見るんだよ」**と教えてもらいました。

この視点を持っているからこそ、金融資産を１億円以上持っているお金持ちであっても、数百円を大切にすることができるのです。

【学びの実践】

以来、お金の動きは〝率〟ではなく〝額〟を見るようになり、私の場合は特に車を買ったときに力を発揮しました。

車にはシートなどのパーツのグレードアップや、カーナビやバックモニターなどのパーツのオプションがあります。

本体価格が200万円を超える買い物だったため、数万円のオプションが割安に見えてしまうところでしたが、じっくりと〝額〟を見ることにより、感応度逓減性に振り回されることなく、自分の納得がいくものを選ぶことができました。

ちなみに、お金に関する記事や動画を見ていると、給与に対する貯蓄の割合、家賃の割合、資産のうち投資に回すお金の割合など、〝率〟でアドバイスされているものが多いことに気付きます。

しかし、お金持ちの考え方に沿うと、〝率〟で捉える方法は間違っています。

〝率〟でお金を捉えていると、給与が上がれば上がるほど高い家賃の家に住み、投資の額も増やさなければなりません。そうする必然性はどこにもなく、**自分の現在の状況で、いくらなら貯蓄や家賃や投資にお金を使えるか、そのつど〝額〟で考えるのが合理的なお金の使い方**だと言えます。

どんなときも、お金は〝額〟で捉えること。

お金持ちから学んだお金の大切な捉え方です。

お金持ちの合理的な思考

お金の動きは「率」ではなく「額」で捉える。

特に大きな買い物をするときは、金銭感覚が麻痺しないように注意しよう

お金持ちマインド

8

収入が増えても、支出は連動して増やさない

年収が上がっても、生活水準を上げないように

【事例】

「収入は増えているのに、なかなか貯蓄が増えないんです」

この手の相談をされる人はとても多いです。高収入になるほど、その割合が増えます。なぜ収入は増えているのに、貯蓄は増えないのか。その理由は非常にシンプルです。

【行動経済学の理論】

行動経済学に「ライフスタイル・クリープ」と呼ばれる現象があります。「自由に使え

る所得が増えるにつれて、生活レベルが上がる」というものです。

年収が上がり手取りが増えると、より品質がよく、より高価なものが買えるようになります。すると、自然と生活がランクアップし、お金を使い込んでしまうことになります。そして、ランクアップした生活がやがて通常になり、次の昇給とともにさらなるランクアップに向かっていくのです。

収入増に合わせて支出も増えたら、貯蓄が増えないのは火を見るより明らかでしょう。しかもこの変化はゆっくり起こるため、多くの場合は気付くことができません。

さらに累進《るいしん》課税という仕組みにより、年収が上がれば上がるほど多く所得税を支払うことになります。そのことを考慮しないでお金を使ってしまうと、年収が上がったのにお金が貯まらない、という状況になってしまうのです。


収入が増加すると、他人と自分の豊かさを比較したり、羨望や嫉妬の感情を味わったりすることも増えます。大きな資産を運用・管理するストレスがかかるため、それを解消するためにさらに多くのお金を使ってしまうという傾向もあります。

加えて、たくさんお金を使っているにもかかわらず、なんでもほしいものが手に入るようになると、買ったものにすぐ飽きてしまうという傾向もあるのです。

こうした心の動きは、心理学者のマイケル・アイゼンク氏が提唱した「ヘドニック・トレッドミル理論」と呼ばれるもので、「どれだけ贅沢をしても、人はその幸せに慣れてしまう」というものです。

たとえば毎日豪華な食事をしているとそのうち飽きてしまい、さらに豪華な食事をとらないと「すごい！」「美味しい！」と感じることができなくなります。

このような収入の増加にともなう生活水準の上昇と、生活水準の上昇に対する慣れは、収入が上がった一般の方にも多く見られる傾向です。

【お金持ちはこう考える】

しかし、多くのお金持ちは違います。

複数の物件から不動産収入を得ているあるお金持ちの方は、物件の数が増え、家賃収入が増えたとしても、生活水準を上げることはありませんでした。

現在の生活で十分満足しているという意識を強く持っており、**これ以上生活水準を上げたところで、幸福度はさほど上がらないと理解**していたからです。

世界最大の投資会社を率いるウォーレン・バフェット氏は、1958年に3万1500

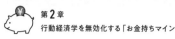

ドルで購入したネブラスカ州オマハの家に現在も住み、朝食にはいつもマクドナルドで約3ドルの食事をしているそうです。生活水準をむやみやたらと上げるのではなく、自分が感じる価値に見合った生活を送ることが、合理的にお金を使うコツなのでしょう。

また、一見贅沢な生活をして、さぞかし幸せにも慣れているだろうと思われがちなお金持ちですが、実際には慣れによる飽きを感じることは少ないようです。

そのことについてあるお金持ちの方に聞いてみたところ、「過去に何度も利用したことのあるサービスにお金を支払う場合でも、何か一つは新しい発見がないかといつも探しているんだよ」と教えてくれました。

支払ったお金から少しでも多くの価値を引き出そうとする、お金持ちならではの考え方だと思います。

【学びの実践】

私は勤めていた会社が株式を上場したとき、多くの人から「高級車を買わないの?」「もっと大きな家に引っ越さないの?」などと生活水準を引き上げる方向性のアドバイスをもらいました。

しかし、お金持ちからの学びのおかげもあり、自分と家族が現状を超える生活水準にしたところで、それほど多くの幸せを感じ取れないことを理解していました。

山奥の田舎出身のため、そもそも何もないのが当たり前で、それを卑屈に思うこともなく、与えられた環境の中で子ども時代を過ごしてきたことも影響しているかもしれません。

おかげさまで、今では多くのお金を使わなくとも幸せを感じられる生活をしていますが、それに慣れることで幸福度を下げないよう、「常に新しい発見を探す」意識を持つように気を付けています。

たとえば、妻がディズニーランドとディズニーシーでキャストをしていたことがあるため、わが家では年に数回は家族で遊びに行きます。

「そんなに何度も行って飽きませんか?」とよく聞かれますが、パークやホテルに飾ってある絵や置物、お土産やアトラクション内のデザインなどに、いつも必ず新しい発見があり、今のところ飽きる気配はありません。

それどころか、こんなに来てもまだ新しい発見があるのかと感動するくらいです。

少し意識を変えるだけで、使うお金を増やさなくとも満足度や幸福度を上げることはできるのです。

なかなか「合理的なお金の使い方」ができない人も、行動経済学を知ることで、自分がなぜ広告などに反応してしまうのかわかったのではないでしょうか。

本章で紹介したポイントを少し意識するだけでも、無駄な出費や余計な行動は少なくなるはずです。大切なお金を大切に使うために、みなさんも「お金持ちマインド」を育てていきましょう！

お金持ちの合理的な思考

生活水準を上げる前に、その費用と、上げたあとの満足度のバランスを考える。生活水準の向上で幸せになれるとは限らない

COLUMN 2

退職金を元手にしたはじめての投資で、大失敗したBさん

昨今は書店に行くと、投資のノウハウ本が大きなコーナーに並ぶなど、資産運用を後押しする情報や報道があふれています。

親の世代と比較して給与が頭打ちとなる中で、インフレにより生活費は上がり、税金の負担は増えています。将来受け取ることのできる年金も、お金の価値としては現在よりも下がった水準での支給となる見通しです。

自分と家族の将来について、ますます真剣に考えるべきときが来ていると言えるでしょう。それを見越して、国もいろいろな制度を用意し、国民に金融投資を活用した自助努力による資産形成を促しているのです。

しかし、NISAの総口座数は日本の人口に対して約1割にとどまっています。そのうえ、口座を開いただけで実際にはまだ投資をしていない人も多くいるのが現状です。

このように、まだまだ投資が日常に入り込んでいない日本ですが、投資を始めるきっかけとして多いのが退職金を受け取ったタイミングです。

退職金が銀行口座に振り込まれると、銀行から投資に関する営業電話がかかってくることがあります。今回ご相談頂いたBさんが投資を始めたきっかけも、まさにそうした営業電話でした。

「退職金をすぐにお使いになる予定がないのであれば、将来に向けて運用されてみてはいかがでしょうか？」

「アメリカの株式市場はこのところ好調で、直近1年間で投資を始められた方は、みなさんかなりの含み益を得ていらっしゃいますよ」

などと勧誘されたとのことです。

Bさんは、退職した会社では部長職でした。銀行からの提案に一部よくわからないところがあったものの、自分よりも20歳は若い担当者にものを知らないと思われることがイヤだと感じてしまいます。

そのためあまり質問をすることもなく、何となくわかった気になり、当時の貯蓄のうちすぐには使うことがないと考えた1000万円を投資にまわす決断をしたそうです。

運用を始めた翌日、スマホで運用の状況を確認すると、画面には「+30000円」の表示。

「たった1日で、毎月使っているお小遣いと同じ額が稼げた！」

とBさんは大喜び。奥様だけでなく、地方に住む子どもたちにも連絡を入れて自慢したそうです。

その後、資産が増えるたびに、家族へスマホの画面を画像にして送っていたそうですが、半月後にはそれができなくなります。

海外で戦争が始まったことで株安になり、資産が大きく減ってしまったからです。

最初のうちは、たまたま調子が悪いだけだろうと考えていましたが、日に日に資産が目減りしていく様子を目の当たりにして、どんどんストレスが溜まり、ついには夜も眠れなくなってしまったそうです。

「自分が寝ている間に、株価がどんどん下がるんじゃないかと思うと、心配で心配で」

同じ傾向は、はじめて投資をする人によく見られます。

ちなみに私も、以前の勤務先の株式上場によって大きな金融資産を手にしたとき、同じような感覚に陥りました。スマホの証券アプリの中で、日々数十万円から数百万円単位で資産が上下していく様子を見て、かなりドキドキしたものです。

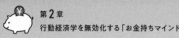

それでも私には、「何かあれば、またはたらいて稼げばいい」という心のゆとりがありました。しかし、Bさんのようにすでに定年退職している方は、基本的にはそれまでに稼いだお金を使って老後を生きていかなければならず、また稼げばいいという発想を持つことはなかなかできません。

せっかく自由な時間が得られたのに、運用成果によっては、またはたらかないといけないという不安が大きなストレスになっていたようです。

Bさんが私のところに相談にいらしたタイミングでは、資産の評価額が750万円にまで下がっており、「これ以上下がるようであれば、もう耐えられない」と話されていました。

金融業界では〝リスク許容度〟と呼ばれる度合いがあります。金融投資におけるリターンがマイナスに振れてしまったときに、どの程度までなら受け入れることができるかを示すもので、人それぞれ異なります。

リスク許容度の指標は、「どのくらい投資元本が減ると〝生活〟に影響が出るか」と、「どのくらい投資元本が減ると〝気持ち〟に影響が出るか」の二つがあります。二つのうち、より額の小さいほうが、その人にとって許容できるマイナスの振れ幅です。

将来の収支をシミュレーションしたところ、Bさんの場合、資産の評価額が600万円を下回らなければ、奥様との老後の生活に制限がかからないことが判明。

そのことを伝えて、「資産の評価額の上下が〝気持ち〟的に耐えられないようであれば、今のうちに一部を現金に戻すなど、減らないお金として確保されてはいかがでしょうか」とアドバイスしました。

結局、Bさんが運用資産の一部を現金化することはありませんでした。一度は600万円台まで下がった資産価値が次第に回復し、現在は限りなく元手に近いところまで戻ってきたようです。

ちなみにお金持ちの多くは、リスク許容度を経験によって大きくできると考えています。そのため、自分たちの子どもにも若いうちから少額の投資を始めさせている人が多いようです。

また、子どもたちにリスクを抑えられる投資先を具体的に勧めるお金持ちもいます。多くの場合、それは日本企業の株ではなく、アメリカ企業の株を買うことです。

日本では株式の売買単位が基本100株ごとですが、アメリカでは1株から買うことができるため、数千～数万円で株を持つことができます。

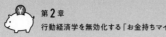

アメリカを代表する企業GAFA（Google[Alphabet],Apple,Facebook[現Meta],Amazon）であっても、それぞれ1株ずつであれば、12万円も出せばお釣りがもらえるほどです（本書執筆時）。

為替の影響は受けますが、100株単位で勝負しなければいけない日本株と比べると、リスクを抑えることができるのです。

「リスクはできるだけ小さく取ることから慣れていき、自分がそのストレスを許容できるとわかってから、徐々に広げていくものだよ」という言葉は、私の中の「特に役立つお金持ちの名言」の一つになっています。

第3章

お金を自由に使いたければライフプランを設計せよ

ライフプラン設計

1

お金を自由に使うための第一歩は、およその生涯収入と支出を把握すること

生涯の収支がわからないとお金は使えない

【事例】

「キミの人生は、ちゃんと黒字になっているのかい?」

お金について学び始めた頃、あるお金持ちの方からこう質問されたことがあります。

当時の私は、即答することができませんでした。毎月の収支を見ると、黒字のときもあれば、大きな出費があって赤字になることもあり、人生トータルで見ると収支が赤字か黒字かなんて、考えたこともなかったのです。

口ごもる私を見て、その方は、

「それではキミは、ヘッドライトを点けずに高速道路を走っているのと同じだね」

と言いました。

将来の収支について見通しがないままに、時間の流れに身をまかせて生活しているだけでは、「お金と向き合っていない」と指摘されたことを覚えています。


自分が一生でどれだけのお金を使えるかは、一生でどれくらいの収入があるかを知らなければ答えられません。

あなたは、自分が一生でどれだけお金を使えるか知っていますか？

私はファイナンシャルプランナーとしてさまざまなお客様のライフプランの相談に乗ってきましたが、この質問に即答できた人は今のところ一人もいません。

極論を言うと、この答えがわからないということは、**「自分の財布にいくら入っているかもわからずに買い物をしている」**のと同じ状況なのです。

たとえば、どこかの居酒屋において、財布に千円札が1枚入っている状態で800円の料理を注文する場合と、財布にいくらお金が入っているか知らない状態で同じ料理を注文する場合を想像してみてください。

圧倒的に、前者のほうが安心です。自分の所持金を知らない状態では、怖くて注文がで

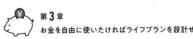

きないという方が大半だと思います。

ところが、このような短期的な取引であれば不安や恐怖を感じるのに、「人生という長期的な取引」になると、その収支がどうなるのかを気にせず、不安や恐怖を感じていない人があまりに多いのです。

「なんとかなるだろう」というあいまいな根拠でマイホームの住宅ローンを組んだり、車を買ったり、投資にお金をつぎ込んだりしてしまいます。これほど〝非合理的なお金の使い方〟はありません。

「将来や老後のためにお金を貯めている」という人も、結局のところ自分はいつまでにいくらお金を貯めればいいのか、その間にどれだけお金が出ていくのかを、正確に把握している人は驚くほど少ないのが現状です。

お金持ちの多くは「ライフプラン」を立てている

一方で、お金持ちの多くは、「自分が一生でどれだけのお金を使えるか」という質問に大雑把でも即答することができます。

この点が、お金持ちと一般の方の大きな違いなのです。

冒頭に紹介したお金持ちの方は、**「お金ときちんと向き合いたいのであれば、まずはキミのライフプランを立てるべきだ」**と言いました。ライフプランとは「金銭面から見た人生の設計図」で、生涯の収支をシミュレーションして作ります。人生の見通しを立てて、お金ときちんと向き合うための最適なツールと言えます。

ライフプランでは、今後受け取るであろう給料、退職金、年金、人によっては配当金や分配金、役員報酬、不動産収入などの「収入」と、日常生活に必要な「支出」をベースとし、理想とする将来像（家を買う、車を買う、旅行をする、趣味を始める、子どもを進学させるなど）を実現するための資金や、病気や事故などのリスクをカバーするための資金を、どのように調達するか設計していきます。

お金が足りない場合は、理想とする将来像を変更したり、資金調達の方法を検討したりします。

ライフプランを作ると、現状のままだといくらお金が入ってきて、いくら出ていくのかがざっくりわかるのです。

「10年後の資産はいくらか？」

「子どもが大学に入る年、生活費を含めて口座からいくらお金が出ていくのか？」
「仕事を辞めて老後を迎えたとき、いくら資産を持っているか？」
「どれだけ資産を貯めておけば、老後の生活費をまかなえるか？」

このような将来のお金に関することを、すべて把握できるようになります。

また**ライフプランを作れば、「いつまでにこれだけお金を貯める（もしくは貯めなくても大丈夫だ）」という目標設定ができるようになります**。やみくもに節約したり、株に投資したりして、なんとなく毎日を過ごすのではなく、あなたの理想の将来像に合わせた「合理的なお金の貯め方・使い方」ができるようになるのです。

ここまで、お金持ちがしている「お金の使い方」や行動、習慣などを具体的にお伝えしてきましたが、それらを実践する土台になるのが、ここで紹介しているライフプランの設計です。ライフプランを作らないままお金持ちの真似をしても、お金を貯めて豊かな生活はできないのでご注意ください。

ライフプランを立てるのは、早ければ早いほど望ましいです。

たとえば75歳で資産が尽きてしまうという現実を、定年後の65歳で知った場合、あわてて再就職先を探すしかありません。

しかし35歳の段階で同じ将来の見通しを知ることができれば、40年の間にはたらき方やお金の使い方を見直すなど、さまざまな手を打つことができます。定年後にはたらく必要がなくなるかもしれません。

ライフプランを作れば、将来どれだけの資産を貯めるべきで、そのためには何歳まではたらけばよいかがわかります。そうすれば、心穏やかにはたらくこともできるでしょう。

自分の意思で、自信を持って物事を決めて行動する、自由な生き方をするためにライフプランは役立つのです。

あるお金持ちの方は、多くの一般人がライフプランを持っていないことを指して、次のように言いました。

「ライフプランを持たず、お金ときちんと向き合わない人は、一生お金に困り続ける。効果的なお金の使い方ができないから、ますますお金に困る」と。

ライフプランを作るための方法

ライフプランは、簡単な物なら自分で作成できます。アプリやインターネットのブラウ

ライフプランの例

年度別収支

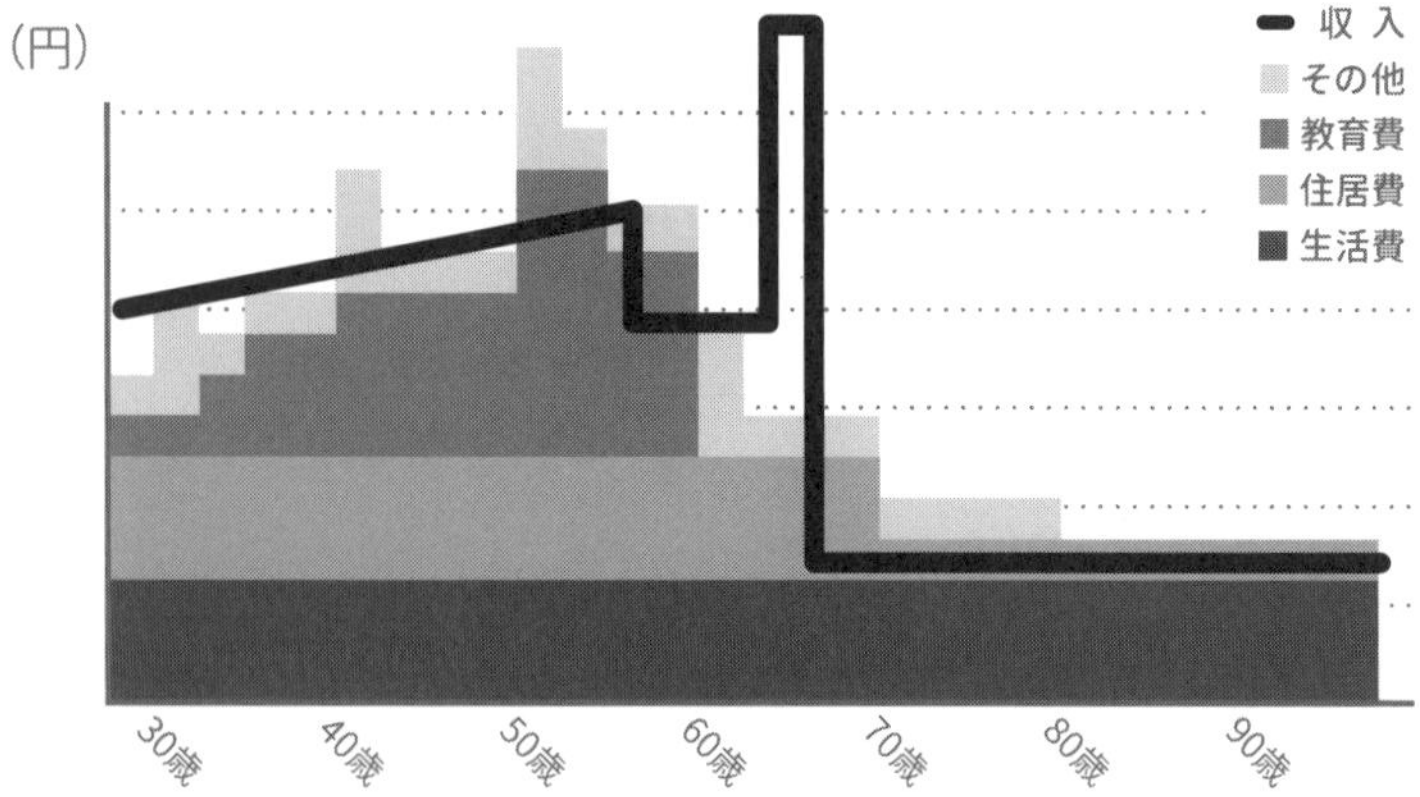

金融資産残高

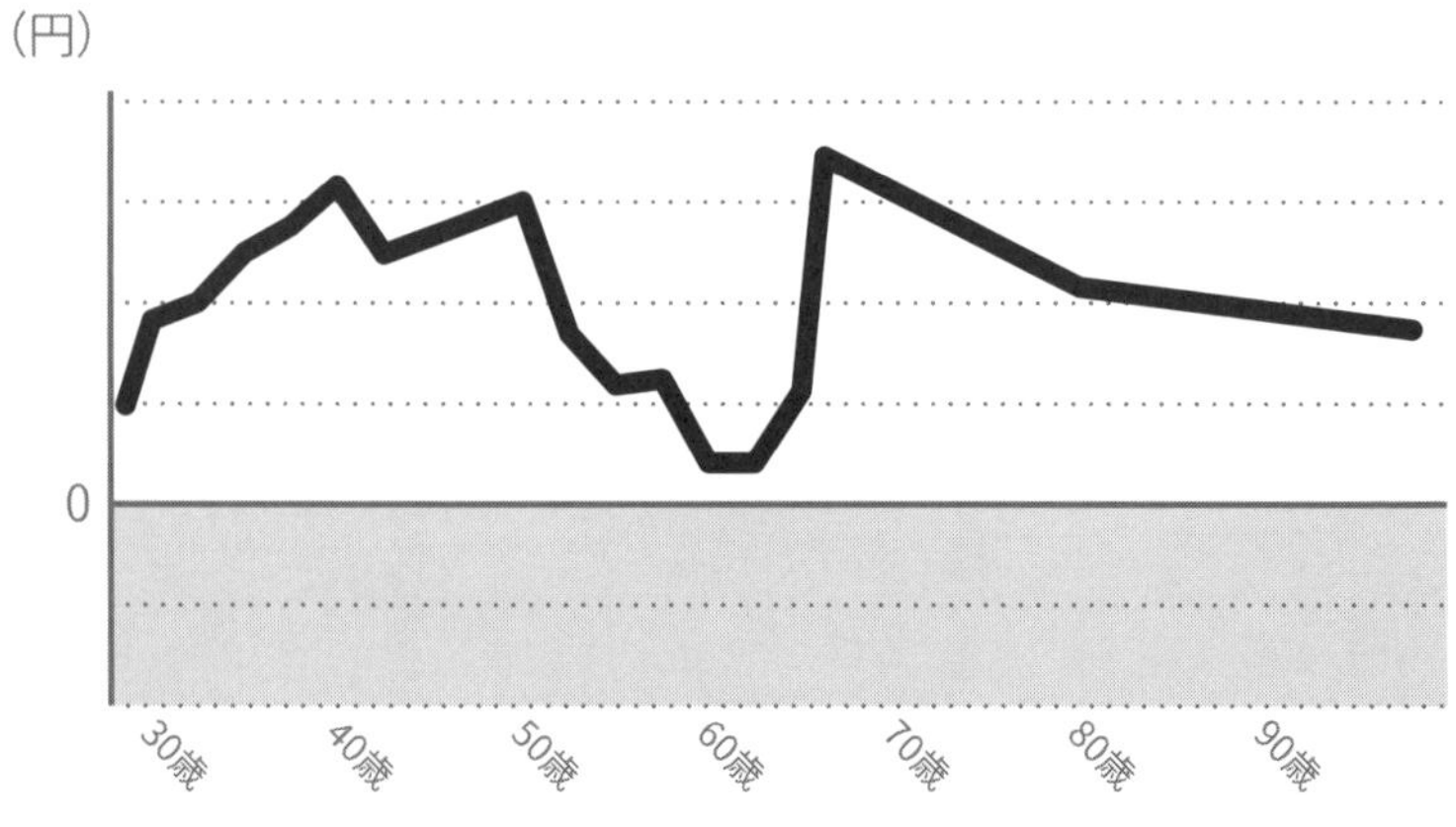

ザ上で作成できる物、エクセルのシートをダウンロードして自分で計算できる物もあります。好みの物をネット上で探してみてください。

また、商業施設などのイベントで、無料でファイナンシャルプランナーなどお金の専門家に作成してもらうこともできます（有料の場合もあります）。

お金持ちの多くは、「餅は餅屋」と考えて専門家のアドバイスを大切にしているので、ライフプランの作成をファイナンシャルプランナーやファイナンシャルアドバイザー、プライベートバンカーなど、お金の専門家にお願いしていることが多いです。みなさんも、この機会にお金のプロに相談してみるとよいでしょう。

お金持ちの合理的な思考

ライフプランを作成して将来の収支がわかると、合理的な「お金の使い方・貯め方」ができるようになる

ライフプラン設計

2

ライフプラン作成のポイント① 収入
一生で手に入れるお金を棚卸して試算しよう

「将来の収入」は少なめに見積もる

ライフプランを立てるうえで大きな柱の一つが「収入」です。

現在の収入はもちろん、将来の収入の推移も試算します。このとき、**将来の収入額の見通しは厳しめに捉えて、少なく見積もるのがポイントです。**

だいたいこのくらいには増えているだろうと、大雑把に将来の収入を試算すると、実際にはその額より少なかった場合に計画を大幅に変更しなければいけなくなるからです。そうすると、当初イメージしていた「理想の将来像」の実現も難しくなってしまうでしょう。

会社員ならば、将来の収入額の見当を付けるために、歳の離れた先輩に給与額をこっそり聞いたり、また会社によっては役職に応じた給与テーブルが開示されているので、自分のイメージするキャリアで、どのくらいの収入が得られるのか確認しておきましょう。

どちらも難しい場合でも、あなたがはたらく業界やキャリアによる平均的な給与額を調べて、相場を見つけるようにしてください。

繰り返しますが、その相場よりもライフプラン上の収入額は少なめに見積もるようにしましょう。それまで同期トップのスピードで出世してきた人であっても、今後もそうとは限りません。この年齢になったら、最低でもこの役職には確実に就いているだろう、というくらいの厳しい目で計算するようにしてください。

「給与収入」以外もチェックする

また、金融資産からの「配当収入」や「不動産収入」なども収入に繰り入れて試算します。こちらももちろん、少なめの金額にしましょう。ちなみに、私が会ったお金持ちの中には軍用地から「不動産収入」を得ていたり、著作権や版権などからの「権利収入」を得ていたりする人が少なからずいました。

このほか、毎年の定期収入ではない「退職金」、あるいは「定期預金」や「学資保険」「養老保険」などの満期金も、一時金として計算に加えるようにします。

さらに、老後の収入も忘れてはなりません。「公的年金」だけでなく、個人で契約している「個人年金保険」などの情報を集めて、受け取りのタイミングに合わせて加算します。

公的年金については、50歳以上で一定条件を満たしていれば『ねんきん定期便』に「老齢年金の見込額」が印字されているので、そちらを参考にするといいでしょう。

最後に、両親や祖父母からの贈与や相続も、将来のあなたの収入になる可能性があります。ただしこれらは確実に受け取れるわけではないので、収入には加えないようにしてください。

頭の片隅に贈与や相続のことを入れておくだけで、両親や祖父母との接し方は変わってくるものです。その言動がのちに自分の資産にプラスの影響を与えることもあるでしょうし、また単純に親孝行をしておくことは、あなたの幸福度を上げてくれる思い出にもなるはずです。

これらが、あなたが生涯で手にするお金のすべてです。

実際に総額を試算してみると、「こんなに多いのか」「こんなに少ないのか」といった目安が得られるでしょう。

その金額が、いわばあなたの「一生分の財布の中身」です。金額の大小にかかわらず、財布の中身を知っている人は、知らない人に比べて効果的にお金を使うことができます。

この態勢を整えることが、「お金を合理的に貯める・使う」ための第一歩です。

お金持ちの合理的な思考

収入額は「少なめに見積もる」と将来安心。あなたの「一生分の財布の中身」を知っておこう

ライフプラン設計

3

ライフプラン作成のポイント② 支出
夢や希望を叶えるために必要なお金を試算しよう

「定期的な支出」は1割増で試算する

「プール付きの一軒家を買いたい」「世界一周旅行をしたい」など、将来の夢や希望を持っている人もいるでしょう。そんな大きな希望ではなくても、「子どもを留学させたい」「グルメやファッションを満喫したい」「一生、自分の趣味に生きたい」など、誰でも理想とする将来像があるはずです。

ところで、**あなたの夢や希望は、どれだけのお金があれば叶うものか答えられますか?**

ライフプランを立てる前の私は、お金持ちの方からの同じ質問に、やはり即答することができませんでした。漠然と「何歳になったらあれがしたい、これがしたい」という思いはあったのですが、そのとき自分がいくら持っていて、毎月の収入と支出はどのくらいあり、いくらならお金を使っていいのか、まったくイメージできていなかったからです。

ライフプランの作成にあたり、収入の次に棚卸するのは「支出」です。

支出は、大きく「定期的な支出」と「不定期な支出」に分けて考えます。

その際は、まずは「1ヶ月の支出」からスタートして「1年の支出」「ライフステージによって変化する支出」へと期間を広げて棚卸をしていきます。

定期的な支出の代表例は、「住居費」や「生活費」です。

住居費については、賃貸ならばいつまでそこに住むのか、引っ越しや購入の予定はあるのか、などを計画していきます。

住宅ローンがあるなら、何年先まで返済の必要があるのか、固定資産税はいくらか、といった具合に「一生分の住居費」を試算していくのです。

生活費については、食費や通信費、水道・ガス・電気代などに加えて、クレジットカードで決済したもの、口座引き落としがかかっているものなど、すべてを棚卸します。

習い事の月謝、家族の小遣いなど、現金で払ったものは履歴が残らない場合があるので見落としがちです。これらもすべて、定期的な支出として計上します。
また親元から離れて暮らしており、年に何度か帰省する場合には、その際にかかる費用も定期的な支出としてください。

忘れてはならないのが「趣味に使うお金」です。私の顧客の中に、サッカーファンの方がおり、その方は「川崎フロンターレの応援予算を年間10万円」と設定していました。ほかにも、「宝塚の応援予算」「アイドルの推し予算」「サウナ予算」などを定期的な支出に設定した方がいました。

ちなみにお金持ちの場合、最も高額な定期的支出は「交際費」であることが多いです。なかには毎月１００万円という方もいました。誰かと出かけて楽しんだり、ご馳走したりするための予算として、あらかじめ定期的な支出に盛り込んでいるわけです。

支出を棚卸していくときのポイントは、収入とは反対に「少し多めに見積もる」ことです。算出した総額に「1割ほど上乗せした額」を適正値としてください。生活費の中には、どうしても把握し切れないものや、冠婚葬祭など突発的な支出もあるので、あらかじめ「1割ほど上乗せした額」にしておけば安心でしょう。

「不定期な支出」を予測すれば、いざというとき慌てない

不定期な支出の代表例には、「家電や車の買い替え」「家の修繕」「旅行」などがあります。まずは家電についてです。冷蔵庫や洗濯機といった大型家電の耐用年数は、6～10年とされています。各家電メーカーが故障時の修理で性能を維持するために必要な部品を保有している期間も、ほぼ同じ長さに設定していることから、定期的な買い替えは避けられません。

同様に、車を持っている人も定期的な買い替えが必要です。一般的な乗用車の買い替え期間は平均8・5年（一般財団法人自動車検査登録情報協会「平成29年の平均車齢」）です。また家族構成の変化によって、「普通車→ワゴン→軽自動車」といった具合に車種が変化することもあります。これらを加味して、買い替えの予定を立てます。

持ち家を持っている人は、住宅ローンのほかに修繕費を考えておかなければなりません。分譲マンションであれば、毎月修繕積立金が徴収されて約15年ごとに大規模修繕工事が行われます。ライフステージの変化や経年劣化によって、家の中の修繕やリノベーションが必要になることもあるでしょう。

さらに、ペットについても車と同じように考える必要があります。ペットが亡くなることを予測するのはつらいものですが、ペットとの生活が当たり前になっている人は、亡くなったあとにまた同じ動物を買うのかなど、将来の支出を見込んでおくべきです。それが、合理的な考えだと言えます。

こういった「不定期の支出」の予算をあらかじめ組んでおくと、突発的な支出にも慌てなくなるでしょう。

また旅行が好きな人は、「いつ、どこに、どれくらいの予算で旅行するのか」を見繕っておきましょう。あらかじめ予算を組んでおけば、旅行のために積み立てをしたり、貯金を取りくずしたりする必要もありません。その年の支出として、決定事項とするのです。

加えて、介護についても費用がかかることを押さえておくとよいでしょう。公的介護保険の介護サービスを受ける際、実際に支払うのは自己負担分のみですが、月々の介護費用および一時的な介護費用を合わせた合計額として、平均的に一人あたり約５００万円がかかるという調査結果があります。

このように「不定期な支出」を棚卸していくことは、自分はどのような人生を歩んでいくのかを合理的に考えるきっかけにもなるでしょう。

ライフイベントを確認して見落としがないかチェックを

支出を棚卸する際のコツは、それぞれの年度における家族の年齢をチェックしながら、ライフイベントを確認していくことです。

たとえば両親や祖父母が歳を重ねていけば、身のまわりのお世話や介護などのため実家に往復する必要が生じる可能性があります。

日本人の平均寿命は男性81・05歳、女性87・09歳ですが（2022年、厚生労働省発表）、それより前の段階で、一人で生活することに不自由を感じる「健康寿命」がやってきます。健康寿命は男性が70歳頃、女性が73歳頃と言われています（同前）。同時期に子どもの進学などが重なると、体力的にも精神的にも、そして経済的にも大変になる可能性があります。

このようにトータルでライフイベントを確認していくと、「海外旅行は子どもが進学してからにしよう」といった合理的な判断ができるようになるのです。

ライフプランの作成をしたら、最後に収支をそれぞれの年度ごとに並べていき、将来の資産の推移を把握しましょう。

現在の貯蓄に翌年度の収入を加え、そこから翌年度の支出を引けば、翌年度末の資産が予測できます。この計算を繰り返せば、自分の人生トータルでの収支がわかるのです。

その結果、「一生赤字にならない人生」が数字として出てきたら、万々歳です。ライフプランに沿った人生を歩んでいきましょう。

もし家計が途中で赤字になってしまっても心配はいりません。

支出を見直してお金を貯める方法について、ここから考えていきましょう。

お金持ちの合理的な思考

支出は1割増しに見積もり、不定期の支出も網羅する。

一生のライフイベントでどんな支出があるか要チェック！

ライフプラン設計

4

使えるお金を増やすために「貯蓄のゴールデンタイム」を活用しよう

「毎月の固定費」は抑えやすい支出

支出の棚卸をしていると、「こんなことに、こんなにお金を使っていたんだ」と、思っていたよりお金を使っていたことに気付きます。

実は**ライフプランを立てることは、支出の多さに気付き、支出を抑えるライフスタイルへと変化するチャンス**でもあるのです。

この機会に、それぞれの支出について本当に必要なものなのかどうか、一度見極めてみることをオススメします。

特に見直すべき項目は、毎月定期的に出ていく「固定費」です。「住宅ローン」や、携

帯電話料金などの「通信費」、生命保険や損害保険の「保険料」などが挙げられます。

住宅ローンは、金利の安い銀行に借り換えれば、月々の支払いを抑えることができます。実際に借り換えなくても、他行で見積もりをとり、それを今の銀行に提示するだけでローン利率が下がったという例もあります。交渉してみる価値はあるでしょう。

携帯電話料金についてはメインブランドからサブブランドの格安スマホに乗り換えたり、あるいはメインブランドを継続しつつ格安プランに変更したりするだけで、大幅に削減できます。

生命保険や損害保険は、定期的に新しい商品と見比べるようにしてください。同じ保障（補償）内容であっても、保険料が安くなることがあるからです。ただし保険については、過去の契約のほうが条件がいい、いわゆる「お宝保険」があるので、ご自身で判断が付かない場合はファイナンシャルプランナーなどお金のプロに相談するのがベターです。

人生で3回ある「貯蓄のゴールデンタイム」で一気に貯めよう

貯蓄の習慣が身に付いていない人は、「人生で最もお金が貯まりやすい、3度のゴールデンタイム」を意識してみてください。

【1度目】シングル期間（自分で自分のお金をすべてコントロールできる）
【2度目】結婚後、子どもなしの期間（収入が増え、支出は変わらない）
【3度目】子どもの自立後、定年までの期間（収入は安定し、支出は減る）

この三つの期間は、比較的貯蓄がしやすいタイミングです。

ただし最近は、親世代に比べて【1度目】のゴールデンタイムでもお金が貯まりにくい傾向にあります。収入が右肩上がりとなる時代は終わり、また働き方改革の影響もあって、自分で自由に使える時間が増えた結果、独身時代の消費が増えているからだと考えられます。

また晩婚化の影響により、結婚後すぐに子どもを授かることも多く、【2度目】のゴールデンタイムの期間が非常に短い傾向があります。

さらに、晩婚化は子どもが自立する時期が遅くなることにもつながり、必然的に【3度目】のゴールデンタイムの期間も短くなっています。親世代に比べて、人生後半の給与の伸び率が下がっているという現実もあります。

貯蓄のゴールデンタイムが失われつつあることをふまえて、あるお金持ちの方は「親世代よりも夢や希望を実現するための難易度が上がっている」と話していました。

厳しい現実があるのは確かでしょう。一方で、現在の生き方は多様化しています。生涯シングルを選択することもできるし、結婚しても子どもは持たないという選択もできます。あるいは、早くに結婚して子どもの自立が早まれば、3度目のゴールデンタイムを長くすることもできます。**自分の一生を長期的な目線で捉えて、自分はどのゴールデンタイムで積極的に貯蓄をしていくか考えればいいのです。**

ゴールデンタイムに差しかかるタイミングで、どのくらいの収支になり、どのくらいの資産を手にしているか、見通しを立てておくことが非常に重要です。将来の収支を把握しておくだけでお金に対する意識が変わり、お金を合理的に使おうと考えることもできるのです。

お金持ちの合理的な思考

まずは毎月の固定費を見直して支出の削減を。

あなたに合った貯蓄のゴールデンタイムを見つけよう

ライフプラン設計

5

お金が増えたら素直に喜び、「汚いもの」として扱わないこと

なぜ日本人はお金を「汚いもの」と考えるようになったか

ライフプランからは少し離れますが、この章の最後に、お金持ちとそうでない人の決定的な違いについて、大前提のことをお伝えします。それは、お金についての「根本的な捉え方」の違いです。

私の周辺でもそうでしたが、一般の方はお金のことを、うっすらと「汚いもの」だと考えています。

「武士は食わねど高楊枝」ということわざがあるように、お金を持っていないほうが清貧で高潔といったよいイメージがありますし、対象的にお金持ちには「何か悪いことをして

いる」「欲深い」「がめつい」などの悪印象を持ちがちです。

そしてこの傾向は、どうも日本人に特有のものらしく、外国出身の仲間に話すと「まったく、意味がわからない」とぽかんとされてしまいます。

馬鹿にするとか、あきれるといった感じではなく、本当に「何を言っているんだ?」と完全に理解できない表情をされることがほとんどです。

金融業を営むことが多かったユダヤ人がヨーロッパで長く差別されてきた歴史があるように、海外でもお金持ちに対して「強欲」とか「ずるい」といった悪印象が持たれるケースはままあります。

しかし、お金そのものに対してまでうっすらと忌避感が共有されているような国は、世界でも日本だけではないかと思います。

諸説あるのですが、日本人特有のこうしたお金に対するネガティブなイメージは、江戸時代に徳川家康が意図的に導入し、その後、２６０年ほど続いた徳川政権が少しずつ醸成したものではないかとも言われています。

応仁の乱から続く戦国時代、各地の大名がかかえる兵は、その土地に住む人々のみで、戦闘に動員できる人数と時期に制限がありました。

その状況を織田信長が変えます。銭で兵を雇うことを大々的に始め、常に戦闘のできる態勢を作って勢力を急拡大。その手法を引き継いだ羽柴（豊臣）秀吉が、「銭の力」で天下統一を果たし、全国の大名を従えました。

その様子を近くで見ていた家康には、お金には既存の権力をねじ伏せて、習慣や価値観を一変させる力があることが、ことさらに強く印象付けられたはずです。

家康は天下統一後、二度と下剋上の乱世を起こさせないようにと、「天下普請」に取りかかりました。

天下普請とは、江戸城や名古屋城などの築城に加えて、河川の改修や街道の整備などを、全国の大名に割り振って手伝わせた大規模な土木工事のことです。

現場ではたらく人足の手配から、工事に必要な材料の調達まで、基本的に大名持ちとなるため、諸大名の蓄えを減らして勢力を削ぐことが目的の一つだったと言われています。

ほかにも徳川政権の政策には、大名行列による参勤交代を強要することで地方の有力大名の経済力を削ぐなど、反乱防止という名目で諸大名の懐をあえて苦しくする方向性のものが多くありました。

厳しい懐事情により、質素倹約を求められた結果、長い江戸時代を通じて「お金は汚いもの、積極的に触れるべきではないもの」という思想が次第に日本社会全体に根付くことになり、世界でも珍しい精神的環境が形成されていったのではないか、と言われています。

ちなみにその後、明治維新や太平洋戦争の敗戦など、日本社会全体が大きな変化を遂げるタイミングはしばしばありました。その間にお金のイメージを変えるチャンスもたくさんあったはずです。

しかし実際には、たび重なる外国との戦争により国民が質素倹約を求められたことなどもあって、お金に対する日本人のイメージが大きく変化することなく今日にまで至っています。

人生の選択肢を増やし、リスクを減らしてくれるもの

お金持ちも同じ日本人ですから、こうしたお金のイメージを多少は共有しています。

しかし、あえてこの言葉を使いますが、その「洗脳」の程度が一般の方たちに比べて非常に軽く、お金それ自体やお金を稼ぐ行為に対して、悪印象を持っていない人がほとんどです。

あるお金持ちの方は、「みんな、お金のことを大切にしなさすぎるよ」と私に話してくれました。

「お金があるかないかで言ったら、それは、絶対にあったほうがいいでしょう？　お金があれば、自分だけでなく家族や仲間の人生が、今より豊かになるための選択肢が増えるじゃないか」と。

さらに、「お金があれば、大きなケガや病気になってもよりよい治療を受けることができるし、もし今すぐに自分が死んだとしても、家族が生活に困らないだけのお金を残せる。家族も不安のない生活を送れるはずだ」とズバリ。

たくさん持っていれば多くのメリットがあるし、実際にほとんどの人は「もっとたくさん手にしたい！」と思っているのに、どうして同時に、「できれば触れたくない、そのことについて話したくない、持っていたくない、汚いなどとお金のことを嫌うのかわからない、矛盾している」と述べるお金持ちの方は少なくありません。

根源的な部分でのお金へのネガティブなイメージを払拭し、お金を「汚いもの」として扱わないことが、お金持ちになれる人の必須条件の一つだと私は思います。

別のお金持ちの方は、「毛嫌いすると、どんどんお金が遠ざかりますよ。人間だって、自分のことを好きだと思ってくれる人でないと一緒にいたいと思わないでしょう？　お金だって、同じですよ」と言っていました。

「お金がほしい動機」を明確にしよう

これまでお金のことを無意識に嫌ってしまっていた方が、お金へのネガティブなイメージを捨てて、ポジティブなイメージを手にするにはどうすればいいでしょうか？

私がオススメするのは、**「お金を持つ動機」を明確にすること**です。

明確な動機なしに努力を続けるのは、精神的に困難です。

たとえばハードな練習をする高校球児たちは、甲子園に行くという具体的で明確な動機を持っているからこそ、日々の過酷な練習に耐えられます。

同じように、私たちも**「なぜお金がほしいのか」をしっかりと認識すれば目的意識が生まれ、お金のことを目的達成に必要なものと素直に捉えられるようになります。するとお金に対して変に構えることがなくなります。**

結果、お金を汚いものだなんて思わなくなります。

あるお金持ちの方は毎年、新年に自分がこの1年にやりたいことを書き出し、それをまわりの仲間に見せているのだとか。

1年の目標を書き出すことで、自分が大切にしている価値観を再認識できますし、仲間や友人の意見を聞くことでその内容をブラッシュアップしたり、視野を広げたりもできるとのこと。

……ここまでは、「新年の抱負」として同じようなことをしている人も多いかと思います。

しかしそのお金持ちの方は、その後にそれぞれの項目の目標達成に必要な金額をざっと計算し、目標の隣に必要な金額も書き加えておくそうです。

そして、そのメモを机の引き出しなどに入れておき、ときどき取り出して眺めては、あの口座の定期預金を解約してお金を作ろうとか、あの株を売ったお金でこれをしよう、などと考えているとのこと。

手帳に書き出した夢に日付を入れると、その実現可能性が高まるという手法が一時期人気となりました。

それと同じで、夢に必要な金額を書き入れると、実現可能性が高まると同時に、余計なことを考えないのでお金に対するネガティブなイメージも消えていく、という効果が期待できるのです。

このほか、「お金を他人からの感謝（ありがとう）ポイントだと考える」「寄付をしてみる」など、お金への負のイメージを変えるさまざまな方法があります。

自分に合うものを探して、どんどん試してみるといいでしょう。そして、この章で紹介したライフプランの作成も、こうした「お金を好きになる習慣」の一つだと思います。

お金のことを好きになれば、お金のほうも、決してあなたのことを放っておかないでしょう。

お金持ちの合理的な思考

お金についてのネガティブな意識から脱却する。これは、お金持ちになるための必須条件！

COLUMN 3

未来の支出を一切予測せず、3年後に資産が尽きるCさん

Cさんが資産形成の相談にいらしたとき、その態度はお世辞にもあまりよくありませんでした。椅子に浅く腰かけ、少しのけぞるような姿勢をとり、私を品定めするような視線を送ってきます。正直、苦手だなあと感じました。

Cさんは、奥様に連れられてイヤイヤ面談にやってきたのでした。家計の決定権はご主人のCさんにあるため、奥様が同席を希望されたのです。

私は「老後などの将来の家計に何かご心配はありますか？」「キャリアなどの収入のことで何かご心配はありますか？」「お子様の将来のことで何かご心配はありますか？」と、言葉を丁寧に選びながら一つひとつ質問していきます。

しかし、回答はすべて「大丈夫です」のひと言。

「子どもの進学が重なるから学費が心配じゃない？」「家のローンも、ちゃんと返せるのかしら？」と心配顔の奥様をよそに、Cさんは「大丈夫だって」を連呼していました。

そこで私は、奥様に収入や支出を伺い、パソコンの資産形成のシミュレーションソフトに入力していきました。将来の収入の見通し、住宅ローンの残債、子どもの教育費、趣味などにかかるお金、現在の貯蓄、資産運用の状況など、計算に必要な情報を打ち込みます。

分析結果がパソコン画面を共有したテレビに映し出されました。それによると、子ども二人がそれぞれ高校と大学に進学する3年後に、入学金という大きな支出によって貯蓄が底を突いてしまうことが判明したのです。

その後も4年間に渡り、子ども二人分の学費がかかり続けるため、収支が黒字になることはなく、老後への貯蓄がまったくできないという見通しが出ていました。

その結果を見たCさんは、「私はどうしたらいいですか！」と急に前のめりになり、ようやく真剣なまなざしを私に向けます。

本来、ここまで切羽詰まっている場合、まずは毎月の支出を洗い出し、不要と思えるものや、コストダウンできるものを徹底的に潰していくことから始めるのが一般的です。

しかし私は、「まずは理想的な状況をイメージしてください」と、お金持ちから学んだ理想から逆算するお金の考え方をお伝えすることにしました。Cさんは、あまりにお金のことに無頓着だと感じたからです。

お金持ちはどんなときも、「理想的な状況をイメージする」ところから始めます。これは「ゴールベース」と呼ばれる考え方で、運用のアドバイスを担うプライベートバンカーや、ファミリーオフィスの担当者などが実践しています。資産状況や家族構成、ライフイベントなどの情報をもとに、資産運用の目的を定め、その目的を達成するために必要なリターンを逆算し、最適な投資を提案するのです。

ゴールベースの特長の一つは、通過点を定めておくこと。通過点を定めると、達成感が得やすく、やる気が失われにくくなります。

Cさんからは「子どもたちが望む教育を無事に受けることができ、夫婦ともに健康で、老後にお金の心配をしなくて済んでいる」という状況が理想的なゴールだと伺いました。

そこで、まず「健康」というキーワードで考え、Cさんが毎日1箱吸っているタバコは理想から遠ざかる要因となることを指摘。きっぱり「やめる」と言われました。

お酒は仕事上の付き合いもあるため、まったくゼロにはできませんが、自宅での寝酒の習慣はしばらく控えるとも決意されました。

そのほかにも、住宅ローンの借り換えや不必要な保険の解約、老後まで続けられない趣味、絶対に生活に必要とは言えない動画視聴サービスなどの支出を見直していきました。

収入面はすぐに改善することはできませんが、会社の雇用延長制度を確認し、70歳までは仕事を続けられることがわかりました。

その結果、教育費として用意すべきお金はなんとか収入で確保でき、老後資金についても、不足分をCさんが仕事を70歳まで続けることでなんとかなる、という見通しが立ちました。

「あとは私が出世して稼ぐだけですね！」と腹をくくった表情のCさん。

「はい。まずは5年後の貯蓄額３００万円を目指しましょう！」と、理想的なゴールに向けた、通過点となる小さなゴールを設定しました。


それから3年。

Cさんから、ガッツポーズの写真とともに「入学金や1年分の学費を払っても、なんとかお金が手元に残りました」とメールを頂きました。

さらに、「会社で上司だった人たちがまとまって退職したため、急遽私が部長になりました。給料が一気に上がったので、目標は少し前倒しで達成できそうです」とのこと。

私もひと安心し、「直近の目標が達成できたら、そのタイミングで一度状況を確認しましょう」とメールを送りました。

通過点となる小さなゴールを達成しても、油断せずに、定期的に資産状況をチェックすることが大切です。

大きな資産を持っているお金持ちは、法律や社会のルール、景気や物の値段の変化が自分たちの資産に影響を与えることを敏感に感じとっています。そのため、定期的に資産と世の中の状況を照らし合わせてアップデートしているのです。

たとえば年金制度はたびたび変更されていますし、成人年齢の変更も資産に関わるファクターだと言えます。

初対面のときはお金に無頓着だったCさんは、今やすっかりお金についての合理的な考え方ができるようになっています。理想のゴールを目指して進み続けるCさんを、心から応援しています。

第4章

未来への投資としての「お金の活用法」

お金の活用法

1

お金の価値を最大限に引き出すためにお金の使用に複数の意味を持たせる

「投資」「消費」「浪費」ではなく、「投資」一択!

ここからはさらにレベルアップし、お金持ちが実践している未来への投資、すなわち「お金の活用法」をお伝えしたいと思います。

なお、ここで言う「投資」は、金融商品への投資だけでなく、人生を豊かにするお金の活用法全般を指します。

どんなことにお金を投資すると、どんな価値のあるリターンが得られるのか――それを知ることで、より充実した人生を歩めるのです。

第1章の冒頭で、お金持ちは「お値段以上」の価値が得られる物やサービスにお金を使うとお伝えしました。それと同時に、物やサービスから得られる「情報」や「知識」、そこからつながる「人脈」などの付加価値を引き出すことを意識しています。

たとえば馴染みのないエリアで外食をする際、お金持ちの多くは「ネットやアプリで、そのエリアのお店を調べるようなことはしない」と言います。「その代わりに、まわりの人から勧められたお店に行く」とのこと。

その理由がわかるでしょうか。

自分で選ぶのではなく、人に勧められたお店に行けば、食事をするという通常の価値に加えて「あなたにご紹介頂いたお店に来ています。〇〇が美味しかったです」という感想を紹介者に伝えることができます。食事代が「人脈」を育むコミュニケーション面での投資にもなるわけです。

さらに、SNSに紹介者の名前を挙げたうえでお店の感想を発信すれば、単なる食事が「情報」としての価値を持つことにもなります。

このように、**使ったお金に価値を上乗せしていくことが、お金持ちが行う未来への投資としての「お金の活用法」です。**

お金の専門家のアドバイスには、お金の使い道を「投資」「消費」「浪費」の三つに分けるものがありますが、お金持ちの考えでは「投資」の一択です。

一般の方が消費や浪費だと思うような使い道についても、情報としての価値を持たせるなど投資効果を持たせるように考えているからです。

本章では、お金持ちの投資の実例とともに、一般の方がどのように彼らの考え方を応用できるか見ていきたいと思います。

複数のお金持ちの考えを伝えるため、一見矛盾した内容があるかもしれませんが、あなたに合ったものを取り入れてみてください。

お金持ちの合理的な思考

お金を使うときは、商品そのものの「価値」だけでなく、そこから派生するさまざまな価値を上乗せしていくことが大切

お金の活用法

2

【投資】にお金を使うことで資産も自分も成長させる

銀行に預けるだけの人、投資を始める人

「お金を使う先はすべて投資先」と言う人がいるほど、お金持ちの投資に対する意識と意欲は高く、一般の方のそれとは比べ物になりません。

この項で紹介する「投資」は、資産運用のための狭い意味での投資です。

お金持ちの具体的な投資先としては、株や債券といった金融商品はもちろん、飛行機や船舶などの現物、一棟マンションや沖縄の軍用地など国内外の不動産、著作権や特許の使用権などを私は見聞きしてきました。

投資未経験の方は、「投資って損をするリスクもあるんでしょう?」と及び腰になりがちです。もちろん、投資はお金が増えることが約束されているものではありませんが、**今の時代、銀行にお金を眠らせておくほうがはるかにリスクが高い**とも言えます。

現在の各銀行の普通預金金利は0・001%です(本書執筆時)。預けたお金が利息によって倍になるのは、なんと7万2000年先です。

一方、たとえばGPIF(年金積立金管理運用独立行政法人)によって運用されている公的年金は、国が私たちの代わりに投資をしているわけですが、その収益率は年率3・5%を超えています。銀行の約3500倍のペースで運用されています(同前)。

●毎月1万円を30年間積立てた場合
原資:1万円×12ヶ月×30年=360万円
金利0・001%の場合:360万539円(+539円)
金利3・5%の場合:635万4127円(+275万4127円)

このように、ただお金を銀行に預けているだけの人と投資をしている人の間には、これだけ大きな差が生まれるのです。

投資は早く始めて長く続けるとリスクが減る

金融投資は、早く始めて長く続けるとリスクが抑えられる、と言われています。

毎日株価が上下するとハラハラドキドキしてしまうものですが、世界の株式市場を長期的に見た場合、人口の増加とそれにともなう物やサービスの提供量の増加により、世界全体の株式の価値はゆるやかな右肩上がりを見せています。

これこそが、一般的に株式を長く保有すればするほど、利回りが安定すると言われる根拠の一つです。

金融学の世界的権威、ジェレミー・シーゲル氏は、著書『Stocks for the Long Run』の中で、１８０２年からの約２１０年間における米国株式の実質リターンの最高値と最低値を分析しています。

それによると、20年未満の保有期間ではリターンの最低値はマイナスになるものの、20年を超えるとプラスに転じ、30年間保有した場合、１８０２年以来の米国株式の実質リ

株式投資の保有期間と実質利回り

1802年～2012年までの米国株の実績より

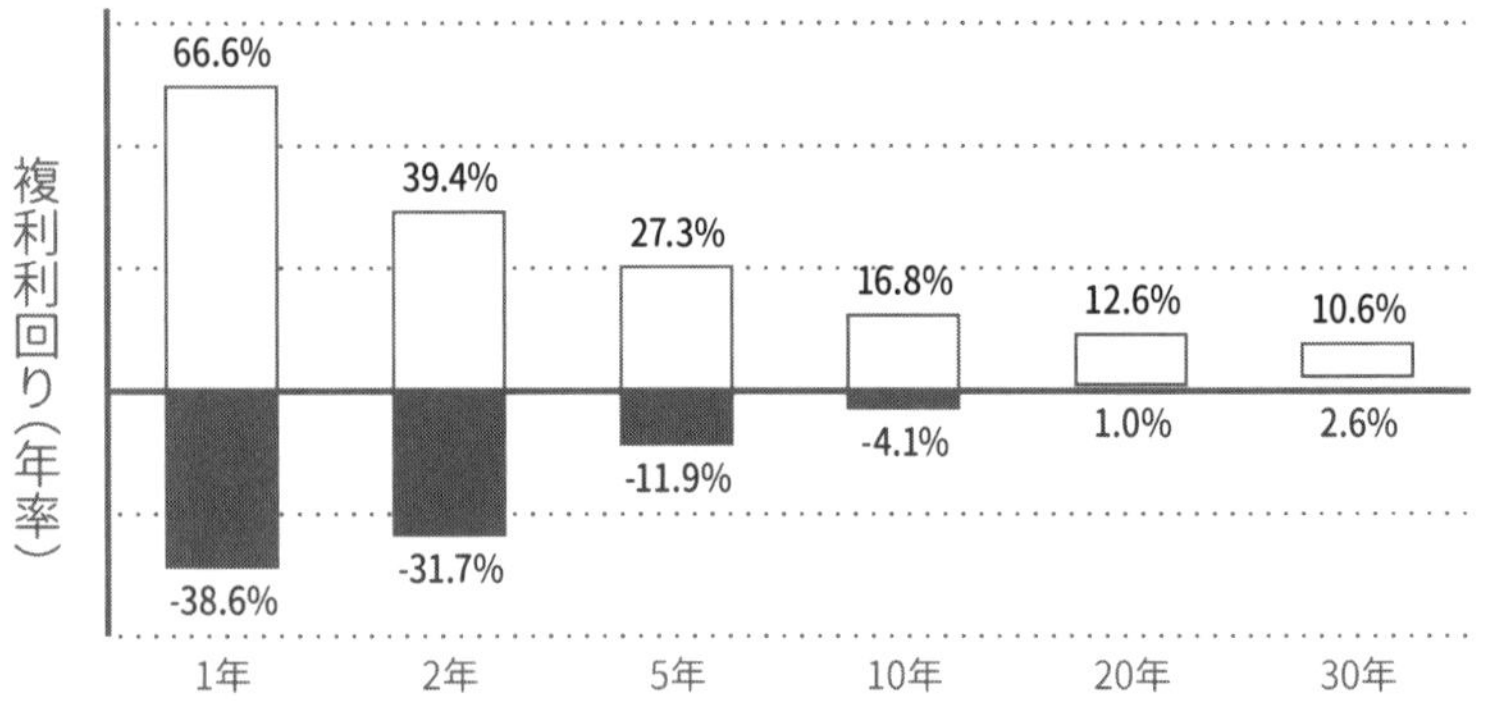

出典:ジェレミー・シューゲル『Stocks for the Long Run』(第5版)

20年以上の長期運用の場合、最低のリターンの場合でも1.0～2.6%のプラスになっています。

ターンは最低でも2・6%、最高リターンは10・6%だったそうです。

この数字を見ると、長期投資を前提とした株式運用は、かなり効果的だと言えるのです。

米国株式の例を出しましたが、日本株式についても同様に、20~30年の保有によって、実質リターンはプラスに収束していきます。

あくまで過去の数値をもとにした論であり、将来に渡る再現性を約束するものではありませんが、すばやい決断によって少しでも長い運用期間を確保することでリスクを減らし、リターンが狙いやすくなると言えるのではないでしょうか。

はじめての人にオススメの投資は？

投資のよさはわかったものの、なかなか実践できないという人は、給料日の翌日に自動引き落としで投資に回す設定をするなど、〝自動的に投資する仕組み〟を作っておくとよいでしょう。

個別株はプロでも見極めが難しいため、はじめて投資する方には「投資信託」をオススメします。

投資信託とは、複数の投資家から集めた資金を、運用会社の指示で複数の株式や債券などに投資し、運用成果を投資家に還元する金融商品です。

自分で銘柄を選べない場合は、プロのアドバイスを受けることも有効です。

証券会社や銀行などでアドバイスをもらうと売り込まれそうで不安という人は、ネットで調べて「預かり資産残高」が多いものから選んでみてください。

要はみなさんからお金が集まっている、人気の高い投資信託です。

最新の商品や、特定の業種に強いニッチな商品は出てこないかもしれませんが、まずは投資を経験してみたいという人にはオススメです。

不動産投資ってどうなの？

最近、「ワンルームマンションの不動産投資」を勧めるＳＮＳ広告を目にすることが増えました。

「年収４００（５００）万円以上の方、必見の投資」などと書かれているものが多いです。年収が書かれている理由は、銀行側で融資を引き受ける際の年収基準が４００万〜５００万円以上になっていることが多いためです。

不動産投資全般がダメとは言いませんが、賃貸用不動産は特に見極めが難しく、誰から買うかではなく、何を買うかが本当に重要となります。

日本は今後、どんどん人口が減り、給与が上がりにくい状況が続くと予想されるため、空き家が増えて家を貸すことそのものの難易度が上がっていきます。

不動産投資をする際はプロのアドバイスを受けつつ、慎重に見極めてください。

不動産投資に興味はあるものの、細かい契約手続きや空室時の募集対応、建物の修繕などが面倒だと感じる人は、現物ではなく金融商品として不動産オーナーになることのできる「ＲＥＩＴ（不動産投資信託）」への投資がオススメです。

資産を増やす以外の投資のメリット

投資により資産を維持・拡大しているお金持ちにとって、投資の話は日常会話の一つです。

「自分を担当しているプライベートバンカーから、こんな提案を受けた」

「親の代から懇意にしている不動産業者に、こんな物件を勧められた」

など、自慢ではなくコミュニケーションツールとして活用されています。

「任天堂の株を買ったので、マリオを見るたびに、自分のためにはたらいてくれてありがとうと思う」と話してくれたお金持ちの方もいました。髭の風貌がマリオに似ている人だったため、話のネタとしても最高です。

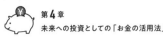

「回りまわって自分に返ってくるから投資はいい」と話してくれたのは、最近子どもと一緒にテーマパークへ遊びに行ったお金持ちの方。聞けば、運営会社の株主でもあることから、パーク内で使ったお金の一部が回りまわって配当として戻ってくるという話でした。

あなたもこのお金持ちのように、そのテーマパークの株主だったらどうでしょう。自分がテーマパークで使うお金も、回りまわって株価の向上や、株主優待、配当金としてあなたに戻ってくることになるのです。この場合の投資は、「家族や友人との時間をより楽しめる仕組みを作る」という価値を持っています。

「投資を続けているのは、資産運用のためだけでなく、世の中の情勢に興味を持ちやすくするため」と話してくれたお金持ちの方もいました。投資は、情報へのアンテナを立てるための装置としても役立つのです。

このように投資にも複数の価値を持たせることができるとわかります。

人生１００年時代です。まだ投資を始めていない人は今すぐ投資を始めましょう。時間を味方に付けた投資は、誰にでもできる効果的なお金の活用法です。

お金持ちの合理的な思考

今の時代、銀行にだけ預けていてもお金は増えない。初心者は今すぐ「投資信託」を買って、長期間保有し続けよう

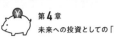

お金の活用法

3

【知識】にお金を使い、自分を磨いて美意識を高める

本から知識を得て生活に活用する

「ブロックチェーン」「NFT」「メタバース」……これらの単語を私が耳にするのは、IT業界の人を除くと、ほぼお金持ちの方からです。

お金持ちのほとんどはITの知識が豊富で、生活にも積極的に取り入れています。ご高齢の方でも、多くは電子メールやSNSを利用し、決済や取引にもITをフル活用しています。

今の時代、最新テクノロジーを理解して上手に使いこなせないと、資産形成はできないと言っても過言ではありません。大切な資産を守り続けなければならないお金持ちにとって、最新の知識を身に付けることは、とても重要なのです。

あなたは、最新の知識やノウハウをどうやって仕入れていますか？

YouTube、ネット記事、オンラインサロンなどがありますが、お金持ちが好む媒体は、繰り返しますが圧倒的に「本」です。

前述したように、本は発売日に購入します。「最新の知識を得る」という価値に加えて、本の内容について誰よりも早く周囲に発信や共有することで、「情報資産」に変えています。

加えて、私はお金持ちから、本から知識を取り入れるだけではなく、その知識を普段の生活の中で活用し、自分を磨くことが大切だと教えられました。

お金持ちが「美意識」を磨く理由

お金持ちと一般の方で、ギャップが大きいと感じている知識は「芸術」に関するものです。私はグラフィックデザイナーをしていたので、普段から芸術に強い関心を持っていますが、お金持ちの関心は時に私を上回ります。

なぜなのでしょうか？

「資産を増やして守るために、美意識を磨くんだよ」とあるお金持ちの方は話します。

現代は多くの人が情報処理の能力を持ち、誰でも簡単に情報を手に入れられるようになっています。そのため、優先的に情報が入ってくるお金持ちでも、情報格差による優位性を保つことは難しくなっています。

そこで他者との差を生み出すのが「美意識」なのです。

現代は将来の予測が困難なVUCAの時代と呼ばれ、問題が複雑で、その解決も難しく、これまでの対策が機能しないことがあります。VUCAとは、Volatility〈変動性〉、Uncertainty〈不確実性〉、Complexity〈複雑性〉、Ambiguity〈曖昧性〉の頭文字をとった言葉。目まぐるしく変転する予測困難な状況を意味します。

そうした状況では、全体を直感で捉える感性、想像力、構想力、すなわち「美意識」が求められているのです。

また、システムにルールが追い付かない問題や、最新のIT技術に法の整備が追い付かないこともあり、投資先をどこにするかなどの意思決定のクオリティを上げるためには、知識以上の判断基準が必要になることも少なくありません。

そんなときにお金持ちが判断基準にしているものが〝美意識〟、さらには〝倫理観〟です。

直感的にバランスのよさを捉える力や、人としてのあるべき姿を描いておくことで、前例のないことに対して、失敗しにくい判断を続けているのです。

Googleが英国の人工知能開発企業であるディープマインドを買収した際、社内に人工知能の暴走を食い止めるための倫理委員会を設置したことは有名です。

明文化された法律やルールがない中で成長を続けるためには、自分たちなりの美意識や倫理観を軸に判断することが必要な状況を示しています。

知識を得ることは生活の豊さにつながる

「この本は読んだ?」

「どんなニュースが気になっているの?」

お金持ちと会うと、決まって聞かれる話題です。興味本位で聞いているのではなく、私が持っている知識や、美意識・倫理観・価値観を探っているのです。

投資の話題以外にも、ワイン、健康、旅行に関する知識は、お金持ちの共通言語としてコミュニケーションに活用されています。

知識を得ることは、生活を豊かにすることにもつながります。

桜柄の着物を着ることで、歴史や伝統の知識だけでなく、季節の変化に敏感になったというお金持ちがいました。

コーヒーの幅広い知識を得るため、海外へ飛び出し、思いがけない出会いと経験を得たというお金持ちもいました。

お金持ち同士が「履歴書に書くことがなかったり、人生のストーリーが薄い人は、学びや挑戦をしてこなかった人」と話しているのを横で聞いていて、ドキドキしたものです。

私は、新しい知識によって思考と行動の範囲が広がり、結果的に挑戦につながることがわかってからは、知識を得るために意識して積極的にお金を使えるようになりました。

本物のお金持ちは、ただお金を持っているだけではなく、自分磨きを続けている魅力的な人物だと言えるのです。

お金持ちの合理的な思考

最新テクノロジーを学んで活用するのは大前提。そのうえで、「美意識」を高めることが知識以上の物事の判断基準になる

お金の活用法

4

【人脈】にお金を使い、信頼という財産を貯める

人脈作りは「数」ではなく「質」で

「今日はありがとう」と、はじめてお会いしたときに声をかけてくれるお金持ちがいます。出会ってくれてありがとう、時間を作ってくれてありがとう、このご縁にありがとうなど、さまざまな意味が込められているそうです。

私にとっては〝ありがとうの前借り〟です。先に感謝を伝えられたからには、何かお返しをしないといけないと感じてしまいます。

しかし、そのお金持ちの言葉は決して押し付けがましいものではなく、自分と相手の未来が常によくなると信じていることで、自然と口から出ている様子なのです。

このように、お金持ちは穏やかに距離感を詰めてきます。

幅広い人脈を持つイメージのあったお金持ちの方に、「今年行ったパーティーでは、最大で何人が参加していましたか？」と聞いたことがあります。

返ってきた答えは「10人くらい」。この方に限らず、お金持ちの多くは、たくさんの人が自由に出入りするような大規模なイベントよりも、選ばれた少人数が参加するイベントを選んで参加する傾向があるようです。

その理由は、同じ時間をかけるのであれば、人数が少ないイベントのほうが一人ひとりとじっくり話せるため、関係性を深められると考えているからです。

私にも経験があります。大人数が集まる異業種交流会で、さんざん名刺交換をしたのに、それぞれの人と話す時間が短く、結局お互いあまり印象に残らないということがありました。

お金持ちはそれがわかっているため、**人脈を作る際は人の「数」ではなく、人の「質」を優先しているのでしょう。**

一般の方が参考にするならば、人脈を広げたい場合、社内であれば目上の人、もしくは社外の人を相手に限定して人脈を広げていくよう心がけるといいでしょう。

会社の同期や後輩との飲み会をセッティングしても、心配事や悩み、愚痴などを聞く機会がどうしても多くなってしまうため、質を求めるのであれば優先順位が下がります。

人脈作りの基本姿勢は相手への「応援」

共通の趣味を持つ人が集まるコミュニティは、同じ価値観や目的を共有しているので、会話が盛り上がって参加しやすいものです。お金持ちも、こういったコミュニティにはよく顔を出します。

お金持ちのコミュニティ内での関わり方を見ていると、基本姿勢は相手への「応援」です。自分の価値観と合っている人の中で、頑張っている人を見つけると、応援しようという気持ちがとても強く出るようです。

「応援したい人を作ると、自分の中に〝思いやり〟を保つことができるんだよ」と話してくれたお金持ちもいました。

互いに応援し合う関係性を築ければ、自分の「協力者」を得たも同然です。

誰かを応援し、そのお返しに誰かに応援してもらうと心にゆとりが生まれ、生活の満足度や幸福度が上がります。

応援によって一緒に作った思い出は、将来振り返るたびに、あなたの心を豊かにしてくれるでしょう。

自分の価値観に合った人に囲まれ、出会いやご縁に感謝し続ける人生を送っているお金持ちには、学ぶべきことがあふれています。

お金持ちの合理的な思考

**人脈は数の多さではなく、付き合う人の質にこだわろう。
あなたが応援したくなり、応援を返してくれる人に出会えれば、
それは一生の財産になる**

【時間】をお金で買い、人生を人の何倍も生きる

お金持ちに強い「時間を買う」という意識

お金持ちは、「時間をお金で買う」意識が一般の方に比べて非常に強いと感じます。時間は有限だからこそ、少しでも自由に使える時間を増やし、有意義に使おうと考えているのです。

身近な例を出すと、**お金持ちの多くは自分の時間を増やすために「時短家電」を利用しています。**ロボット掃除機なら、自分が外出している間に掃除をしてくれるため、「部屋をキレイにする」という価値に加えて「自分の時間を増やしてくれる」という価値も上乗

せされるのです。

1日の掃除時間が30分なら、時短家電に投資するだけで年間で180時間もの時間を手に入れたことになります。「乾燥機付き洗濯機」や「食洗機」なども、家事にかかる時間を大幅に短縮し、あなたが使える時間を増やしてくれるお金持ちもオススメする時短家電です。

また、**移動の際にタクシーを多用するのもお金持ちの特徴です。**金銭的な余裕があるという面もありますが、「目的地まで最短時間で到着して時間を無駄にしない」という意識が強いのが主な理由です。タクシーの車内でも、スマホで情報収集したり、メールやSNSのチェックをしたりするなど、移動時間を有効活用しています。

あるお金持ちの方は、**「まわりの力を借りて、1日を24時間以上使っている」と話していました。その方は秘書を雇っています。**

秘書と聞くと、経営者など相当忙しく金銭的余裕がないと雇えないイメージがありますが、最近はネット上で手軽に依頼でき、週に数日、1日数時間など、自分のニーズに合わせた利用の仕方もできます。その方は、新幹線や航空機などの手配、ホテルの予約、簡単な書類作成など、自分でなくてもできる仕事はすべて秘書に任せているそうです。
秘書などのまわりの人の時間を買うと、自分の時間が増えるだけでなく、自分が今かかえている作業の棚卸もでき、「人を雇った」という経験値も上がります。
会社員の方にはさすがに少し難しいかもしれませんが、経営者やフリーランスの方にはオススメです。

時間を増やすコツは「放棄」「自動化」「委任」の三つ

自分の時間を増やすためのコツは、「放棄」「自動化」「委任」の三つだとあるお金持ちの方に教わりました。

【放棄】

必要のない業務を手放したり、価値観が合わなくなったコミュニティや団体とは距離を置き、自分の時間を確保する。

（例）代表者とともに運営方針が変わり、価値観にズレを感じるようになったコミュニティの集まりには行かない。

【自動化】

習慣的に繰り返していることを仕組み化し、自分の時間を確保する。

（例）各種支払いなどの振り込みは、定期的に銀行のＡＴＭを利用するのをやめて、自動振り込みの設定をする。

前述した「時短家電」もここに入ります。

【委任】

自分がやらなくてもよいことや、自分がやらないほうがうまくいくことは、人や専門家に任せて自分の時間を確保する。

（例）確定申告や遺言の作成など、手間のかかるものや間違えることができないものは、税理士や弁護士などの専門家に任せる。

前述した「秘書」もここに入ります。

この三つのポイントを意識して、そのお金持ちの方は1日を24時間以上使えるように工夫していました。

買った時間で学びや趣味に没頭する

お金で買って増えた時間を無為に使ってしまったら、元も子もありません。

お金持ちたちは、その時間を学びや趣味に打ち込むために使っています。

たとえばゴルフを趣味にしているお金持ちの中には、ほぼプロレベルになるまで熱中している人がいます。「どうして趣味にそれほどまで熱中できるのか」と聞いてみると、「行動して経験することではじめて、自分にとってためになるものと、不要なものが見極められるようになる。だから、なんでもやってみることが大切」だと言われました。

そして、**「お金と時間をかけた趣味が、また新たなお金を運んでくるんだよ」**とも。

確かに私も、共通の趣味を持っていることは人脈を広げるのに役立つと感じています。

新規で取引したい相手と話すとき、商品やサービスなど「仕事の話」をするよりも、共通の「趣味の話」をしたほうが打ち解けられることが多いです。熱中する趣味を持ち、積極的にその情報を開示していると、相手との接点が見つかり関係性が深まるのです。

自由に使える時間には学びや趣味に熱中し、積極的に関連のコミュニティに参加するようにしましょう。

情報や人脈のプレゼントは時間のプレゼント

お金持ちは「情報」や「人脈」を互いにプレゼントし合うのが好きです。そして、情報や人脈のプレゼントは、結果として「時間をプレゼント」していることになります。

「○○という情報を教えてもらったことで、解決するまでの時間を減らすことができたよ」「△△さんを紹介してくれたおかげで、自分で調べる手間が省けたよ」といった具合に、情報や人脈の提供は、相手が本来かけるべき時間を削減してくれるからです。

お金持ちがイベントやパーティーを頻繁に開催しているのは、単に楽しい時間を過ごしたいからではありません。自分と同じ考えや価値観を持つ人を集めて、それぞれが**「情報資産」「人脈」を交換し合うことで、短い時間で効率よく、お互いを高め合おうとしているる**からなのです。

お金持ちがお金持ちであるゆえんは、自力ですべてを解決しようとせず、このように周囲を巻き込んでいく力にもあると感じます。

スケジュールの半分以上が空白であるわけ

「時間にゆとりを持っていないと、チャンスはつかめないよ」

こう話したのは、刺激を求めて自分から新しい経験や挑戦をどんどん重ねてきた60代のお金持ちの方です。彼の考えによると、時間にゆとりがあることは、チャンスを逃さないための最低条件とのこと。

お金持ちは、急に目の前に現れたチャンスやご縁を、できる限りつかみたいと考えています。だから、週のスケジュールの半分以上は空白です。

毎日予定を詰め込み、数週間先まで空いている時間がないという人もいますが、大半のお金持ちの思考によれば、それはよいことではありません。

なぜなら「明日来てくれたら一緒に楽しい経験ができる」「3日以内に契約したらメリットがある」といった突然目の前に訪れたチャンスに対応できないからです。

「再来週、ニューヨークに行くのですが、一緒に行きませんか?」「いいですね！　行きます！」。そんなスピード感のある会話がお金持ちたちの間では交わされています。

チャンスが巡ってきたら予定をキャンセルすればいいと考えるかもしれません。しかし、お金持ちの予定の調整の仕方は〝先約優先〟。あとから入ってきた予定のために、前の予定をずらすことはできる限りしません。

その理由は「自分の都合で予定をどんどん変更していたら、信用してもらえなくなる」からです。

そのためにお金持ちは、スケジュールに余裕を持たせ、突然のチャンスを逃がすことなく、確実につかむための準備をしているのです。

またこれらを実現するには、自由に使える時間を少しでも増やす必要があります。だからこそ「時間をお金で買う」ことが大切なのでしょう。

お金持ちの合理的な思考

お金持ちは「放棄」「自動化」「委任」により、自由に使える時間を増やしている。その時間を学びや趣味、人脈形成に活用し、ますますお金を招きよせる

お金の活用法

6

【健康】にお金を使い、お金の価値を引き出せる身体を作る

健康であってこそのお金

「健康が損なわれると、お金から価値を引き出す能力が下がる」と話してくれたお金持ちがいました。

たとえば、登山の技術が100点満点に身に付いていたとしても、高齢で足腰が弱くなってしまったら、せっかくお金をかけて登山をしてもその技術をフルに発揮できません。一方で、たとえ技術が50点しかなくても、五体満足で健康な人のほうが、同じお金をかけて登山をした場合に得られるものは多いでしょう。

つまり、お金をより効果的に使うには、健康をおざなりにできないのです。

現在の自分と、20年後の自分を比較してみたとき、より効果的にお金を使えるのは健康である現在の自分です。このことを理解しているお金持ちは、お金の価値を引き出せる心身を維持するために「健康」への投資を惜しみません。具体的にどのようなことにお金を使っているのかいくつか紹介しましょう。

《食事》

多くのお金持ちは、健康を考えるうえで食べ物にこだわっています。食材の成分・産地を吟味し、栄養バランスを考えて適量以上に食事をとらないお金持ちが多いです。

また、白砂糖をとりすぎない、油にこだわるなど、エビデンスに基づいた健康食を取り入れている人もいます。

これまで多くのお金持ちとお会いしてきましたが、「暴飲暴食」をしているお金持ちは一人もいませんでした。暴飲暴食は将来の健康を害します。何事も合理的に考えるお金持ちは、いっときの快楽に溺れないよう心がけているのでしょう。

《寝具》

睡眠は健康維持と体力回復のために極めて重要な要素です。そのことをよく理解しているお金持ちは、睡眠の質を上げるために寝室や寝具にもこだわることが多いです。

寝具は一概に高価な羽毛布団を使っているわけでなく、それぞれが自分の身体に合ったこだわりの寝具を利用しています。

横向きに寝ることが多いあるお金持ちの方がこだわっていたのは「抱きまくら」でした。より快適な抱きまくらを求めて、常に新商品をチェックしているそうです。

《履物》

意外なところでは、履物もお金持ちの健康へのこだわりを感じさせるアイテムです。

あるお金持ちは、外で人と会うときはピカピカに磨き込まれた革靴を履いています。

しかし普段使いの靴は地下足袋です。昨今の地下足袋は、底にゴムが貼り付いていて歩きやすく、足に圧迫感もないので疲れにくいそうです。そのため、健康にこだわる一部のお金持ちに人気があります。

《歯》

歯がボロボロのお金持ちには会ったことがありません。3ヶ月〜半年に一度は歯のメンテナンスに歯医者に行っている方が多いようです。

一般の方でも虫歯や歯周病の予防、また見た目のことを考えて「歯並び」を整える人は多いと思います。

それに加えてお金持ちがこだわるのは「噛み合わせ」です。噛み合わせを整えると、歯の上下に均等に力が加わるため、歯や骨への負担が減ります。結果的に病気になりにくい強い身体になるそうです。歯を食いしばることが多いプロ野球選手やラグビー選手などのトップアスリートが「噛み合わせ」にこだわっているのは、最高のパフォーマンスを発揮するためだと言えます。

身体への負担を考えない歯列矯正について、あるお金持ちは「健康を考えた〝歯並び〟ではなく、見た目を整えただけの〝歯並べ〟だ」と話していました。ちょっと偏った考え方かもしれませんが、歯のメンテナンスをする際は念頭においておきましょう。

《病気の治療》

お金持ちが病気やケガの治療をする際、必ず利用しているのがセカンドオピニオンです。かかりつけの病院に、自分の病気やケガの症状に合ったベストな医師がいるとは限りません。懇意にしている医師であっても、その話を鵜呑みにすることなく、必ず別の病院の医師や専門家からも意見をもらって、ベストな治療は何かを判断しています。情や義理に流されず、合理的な判断をしているとも言えるでしょう。

多少の病気では、一般の方には金銭的にセカンドオピニオンを活用するのは難しいかもしれません。

それでも、がんなど命に関わる大きな病気や、生活習慣病など治療に時間がかかる病気については、セカンドオピニオンを活用することをオススメします。

《病気の予防》

お金持ちは病気の予防にも高い関心があり、定期的な健康診断はもちろん、さまざまな任意の検査を受けています。

なかでも、がんの早期発見につながる最新のがん検査への関心は高いです。近年実用化された、身体への負担が少ない尿検査や血液検査だけで精度の高いリスク診断ができるがん検査が人気です。

また、お金持ちは身体のメンテナンスのために適量のサプリメントを摂取している人が少なくありません。食事の管理を徹底している人ほど、合理的に栄養を摂取したいと考え、自分に不足している栄養素をピンポイントで選んで飲んでいるようです。

《ストレス発散》

ストレスを溜め込むと自律神経が乱れて、心身の健康に悪影響を与えると言われています。

お金持ちが別荘に滞在したり海外に行ったりするのは、「ストレスを発散するため」というのも理由の一つです。お金持ちはストレスを発散するために、適度なご褒美、適度なギャンブルなどもよくしています。お金を稼ぐ目的ではなく、ストレス発散のためのギャンブルとして、額を決めた範囲で楽しんでいるのです。

人間には「ストレス発散」のための投資も必要です。好きなことを我慢しすぎず、適度にお金を使えば、回りまわってあなたの健康作りにも寄与することでしょう。

お金持ちの合理的な思考

健康であるからこそお金の価値を引き出せる。
ゆえに、お金持ちは健康のための投資を惜しまない。
何に投資すれば自分の健康状態を良好にできるのか考えてみよう

お金の活用法

7

【リスク対策】にお金を使い資産を守る

民間の生命保険、本当に不要ですか？

あるお金持ちに「一般の方たちは資産を増やすことばかり優先して、守りを固めない」と言われたことがあります。

お金持ちは「リスク対策」のスペシャリストです。リスク対策をしていなかったり不十分であったりすると、不測の事態によって多大な資産を失う可能性があるからです。

お金持ちと一般の方では資産規模が違うため、お金持ちのリスク対策をすべて真似する必要はありません。ここでは、一般の方でも取り入れられるものを紹介したいと思います。

ただし大前提として、リスク対策によって資産を大幅に減らしてしまったら本末転倒です。みなさんそれぞれが、自らの資産規模に応じて合理的に判断し、必要最低限と思われるものから順番にお金をかけていくようにしましょう。

《死亡リスク対策》

私がお金持ちから学んだ効果的なリスク対策のコツは、**情報を押さえておく順番を間違えない**ことです。

たとえば〝家族を守るための生命保険〟について。

いつ亡くなるかは誰にもわかりませんが、人は必ず亡くなります。

お金持ちは自分が死んだのち、多額の相続税によって遺族の資産が減ってしまうことをリスクと捉えています。その対策に、生命保険を効果的に活用しています。

一般の方では、相続税の支払いを心配することは少ないかもしれませんが、一方で考えておかなければならないのが、残された家族が生活していくために必要なお金です。

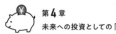

そこでまず押さえるべき情報は、民間の保険ではなく「国の制度」です。

たとえば、日本では本人が亡くなったとき、配偶者に対して公的年金から遺族年金が支給されます。子どもがいれば子どもの年齢に応じて、追加で支給されるお金もあります。

次に押さえるべき情報は、会社にある「死亡退職金」や「弔慰金」の制度です。どの範囲まで、いくらもらえるかを確認しておくとよいでしょう。

ここまで把握したうえで、改めて資産状況を確認し、家族を守るために必要なお金の手配が足りていなければ、ようやく民間の生命保険の出番なのです。

民間の保険についても、合理的に検討すべき順番があります。

まずは所属している会社で用意されている「グループ保険」、次に都道府県ごとに扱いが違う「共済」、最後に○○生命という冠《かんむり》の付いた「生命保険」を検討していきます。

「グループ保険」は、会社という団体として各保険会社に依頼しているため、ボリュームディスカウントが効いており、一般的に割安です。

注意点は、会社に所属していることが前提となるために、期間限定となるうえ、転職などキャリアチェンジのたびに全体の見直しが必要となることです。

次に「共済」です。営利目的ではなく、毎年決済を行い、集めた掛け金のうち使わなかったお金の一部は「割戻金《わりもどしきん》」として還付を受けられることが特徴です。

多いときには50％近くが割り戻されることもあるため、掛け金の負担をかなり抑えることができます。

注意点は、年齢が上がると毎年の掛け金が高くなること、死亡時に遺族が受け取ることのできる額が５００万円ほどで少ないこと、などです。

最後に民間の「生命保険」ですが、こちらは各社さまざまな商品を発売しているため、見極めが非常に難しくなっています。似たような保障内容の保険商品でも、会社ごとに細かい部分に違いがあるため、注意が必要です。

共済と比較すると、高額な保険金を受け取る契約を結べるため、ここまでに紹介した制度を活用したうえで、最後の穴埋めとして使うには効果的でしょう。

ただし、こういった〝家族を守るための保険〟は、あくまで家族を守るための資産が貯まるまでの「つなぎ」と考えておきましょう。

資産を貯めていずれ保険を卒業する、という意識を持っておくべきだと思います。

《健康リスク対策》

医療保険やがん保険など、〝自分の身体を守るための生命保険〟についても情報を押さえておく順番を間違えないようにしましょう。

病気やケガによって病院のお世話になった場合、公的医療保険制度により、保険適用治療の自己負担の割合は全国一律で決まっています。

治療費が高額になった場合には、「高額療養費制度」という収入に連動して自己負担額の上限を決める制度もあるため、持ち出しは限定的です。

さらに、会社によっては独自の健康保険組合を組成しており、社員の負担を抑える仕組みを持っています。

たとえば一部の上場企業の健康保険組合では、社員の医療費の自己負担について月2万円が上限となるように補助が出るなど、恵まれた環境が用意されています。

これらの制度を把握したうえで、なお不安を感じるのであれば、営利目的ではない「共済」や、民間の「医療保険」や「がん保険」を検討するとよいでしょう。

このように書くと、民間の保険のメリットがあまりないように感じるかもしれませんが、民間の保険は共済にはない高額な保険金を受け取ることができるメリットがあるうえ、各社それぞれに特徴のある商品があります。ファイナンシャルプランナーなどの専門家に相談のうえ、自分の考えに合う保険をうまく使えばよいでしょう。

昨今では、国や会社の制度が充実しているため、預金さえあれば民間の生命保険や医療保険はいらないというネット記事やYouTubeなどでの発信も増えています。

しかし実態としては、**いったん病気になってしまうと、貯蓄を取りくずしてでも治療していこうという気持ちになかなかなりにくい**のです。特に小さな子どものいる家庭では、今後の教育費を心配するあまり、貯金を使って治療するのを躊躇《ためら》ってしまうことが少なくありません。

いざそのときに自分はどうするのか想像を巡らせ、必要とあらば民間の保険も活用することが、真の合理的な判断だと言えるのではないでしょうか。

《損害賠償リスク対策》

眼科を開業したばかりの40代の医師を、走行中のタクシーが轢《ひ》いて死亡させてしまった事故がありました。死亡賠償額は約5億円。

これだけの請求が来てしまったら、人生は破滅です。

だからこそ、万一交通事故を起こしてしまったときのために、リスクを肩代わりする自動車保険（任意保険）に加入しておくと安心です。強制加入の自賠責保険だけでは、死亡保障は3000万円までしか出ません。

同様に、火災保険もオススメする損害保険の一つです。

もし火事で家が燃えた場合、新しく家を建てる費用だけでなく、家電や家財などもすべて購入し直す必要があります。多くの火災保険はそれらのお金も補償してくれます。

《訴訟リスク・相続トラブル対策》

訴訟リスクや相続トラブルに備えるなら、専門家の力を借りられる状況を作っておくことが必要です。

法律についての相談ができる「弁護士」、税務の相談ができる「税理士」、登記や供託の相談ができる「司法書士」、役所に提出する資料の相談ができる「行政書士」、労働保険や社会保険についての相談ができる「社労士」などは、身近に信頼のおける人を作っておくとよいでしょう。

士業《しぎょう》同士は横でつながっていることも多いので、ある士業の人から、異業種の士業の方を紹介してもらってもよいでしょう。

一般の方は資産を増やすことに目が向きすぎるあまり、リスク対策がおろそかになりがちです。

〝不測の事態が起きたら破滅する〟という危機感をかかえながら資産を増やすよりも、〝不測の事態にも対応できる〟という安心感を持ちながら資産を増やしたほうが、メンタル的にも安定します。

大切な資産を守るために、リスク対策にも合理的にお金を使うことができるようになれば、あなたもお金持ちの思考に近付いている証拠です。

適切なリスク対策を行うことで、何が起きてもお金に困らない〝負けない人生〟を送れるように準備しましょう。

お金持ちの合理的な思考

資産を増やすだけでなく、「資産を守る」という視点も大切。
リスク対策に投資するなら、
まずはどんな対策があるのか情報の棚卸をしておこう

お金の活用法

8

【子ども】に投資して、一族の力を最大化する

子どもに投資する最適な時期とは？

現在子どもを育てている人、これから子どもを持つ予定のある人は、「子どもに投資する」という観点を忘れてはなりません。

私の出会ったお金持ちの多くは、子どもが小さければ小さいほどお金をかけている印象がありました。反対に高校生や大学生になると、学費の面倒は見るものの、それ以上の支援はしていない傾向にあります。

そこに合理的な理由はあるのでしょうか？

人的資本投資の収益率

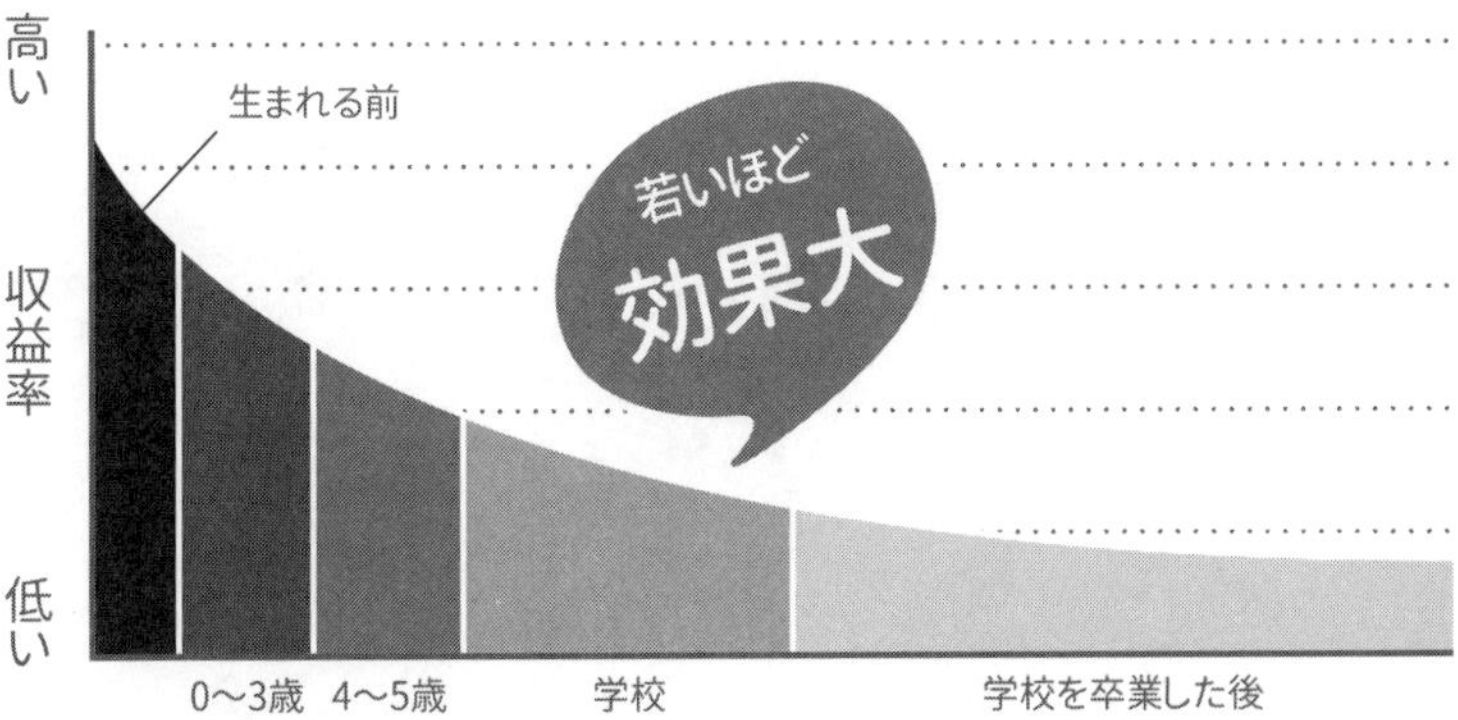

出典:Heckman, J. J., & Krueger, A. B. (2005). Inequality in America: What role for human capital policies. MIT Press Books.

教育にお金をかけた効果を、経済理論やデータによって分析する「教育経済学」という研究領域があります。

ここで言う「効果」とは、教育によって子どもの就職が有利になったり、将来の収入が高くなったりといった表面的なことだけではありません。教育にかけたお金がその後の幸福感や寿命、健康などにどう影響を与えているかまで分析します。教育がもたらすあらゆるものを、金銭的な価値として評価しようとしている学問です。

その教育経済学の多くの研究結果において、最も投資収益率が高いとされているのが「幼少期」での投資です。

ここでの投資は、習い事や勉強にお金をかけるだけではなく、しつけなどの人格形成、健康や体力アップへのはたらきかけに使うお金も含まれています。

ノーベル経済学賞を受賞したシカゴ大学教授のジェームズ・ヘックマン氏らは、子どもの年齢別に「教育」にお金をかけたときの収益率をグラフに示しました。年齢の低い時期が最も収益率が高く、その後低下していくことがわかります（前ページ参照）。

文部科学省の調査によると、一般の方の多くが子どもの年齢が上がるほど教育にお金をかけています。教育経済学の目線で考えると、非合理的なお金のかけ方です。

その点、幼少期にお金をかけるお金持ちは、とても合理的だと言えます。

習い事は最初にたくさんやらせる

習い事のさせ方についても、お金持ちには特徴があります。

それは、最初は一度にたくさんのことをやらせるというものです。

一般の方では、「ずっとサッカーだけやらせています」「英会話だけは通わせています」

と、親が選んだ一つの習い事に注力して経験を積ませているケースが多いです。

もちろん本人の意思や希望は大切ですが、それぞれの習い事が本当にその子どもにとってベストなものかどうかはわかりません。実は、隠れた才能や、本人がより面白いと感じるものが別の分野にあるかもしれないのです。

そのためか、多くのお金持ちは、子どもに一度に複数の習い事を同時に経験させて、本人の特性や好みを把握するようにしています。

「同時にいくつもの習い事を始めて、これは違うなと感じたら、すぐにやめさせればいい」という考えです。

ある家の子どもは、「ピアノ」「バレエ」「習字」を一度に学び、その中で最も興味を持った「ピアノ」を突き詰めました。その結果、音楽大学に入学し、卒業後はオーストリアのウィーンに渡り、プロのピアニストとして活躍しています。

一つの習い事しか経験していない場合、途中で挫折してしまうと他の選択肢がなくなり、過度に落ち込んでしまったりグレてしまったりする可能性もあります。

「子どものうちから、人生に選択肢があることを知ってもらいたい」とあるお金持ちは言います。そのとおりで、習い始めには一度に複数の習い事を経験させるとよいでしょう。

最近では習い事にも「初回無料体験」などの仕組みがあります。子どもの才能を伸ばすためにも、積極的に活用していきましょう。

子どもは、あなたの資産を受け継ぐ大切な〝後継者〟です。子どもが自分よりも知識や経験を豊富に持てば、一族は末長く繁栄していくでしょう。子どもがいる人は、幼少期に多少無理をしてでも投資をすることをオススメします。

お金持ちの合理的な思考

子どもへの投資の最適な時期は「幼少期」。
習い事をさせる場合は、一度に複数のことにチャレンジさせ、
子どもの才能や興味を見極めていこう

COLUMN 4

保険の入りすぎに気付かず、自分が死ぬと遺族が豪遊できてしまうDさん

ファイナンシャルプランナーの仕事をしていると、保険の見直しに関する相談をよく受けます。

今回相談にいらしたのは、独学でファイナンシャルプランナーの資格をとり、金融リテラシーの高さに自信を持たれているDさんとその奥様でした。

奥様から、「毎月の生命保険料が高いと感じている。確認してほしい」と連絡を頂いたのがお会いしたきっかけです。

Dさんは非常に調べ事が好きで、自分なりに必要性を感じた生命保険のパンフレットを10社以上から取り寄せ、比較検討のうえで契約をされたとのことです。

「契約したのは10年以上前ですが、自分にピッタリで、今では入れないよい商品に入ってますから」と、Dさんは自信ある表情を見せていました。

収支のシミュレーションでは、本人や配偶者が亡くなったときのパターンも試算できま

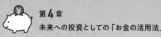

す。遺族年金や中高齢寡婦加算といった遺族が受け取ることができる年金だけでなく、生命保険の保険金も反映できる優秀なシステムです。

シミュレーションの結果は、Dさんが生命保険に入りすぎていることを示していました。「もし今、Dさんに万一のことがあった場合、残された家族は必要額の〝約4倍〟のお金を受け取れることになっていますが、イメージどおりでしょうか？」とお聞きしました。

急に顔が曇ったDさん。気を悪くされないように、注意しながら解説を加えます。

「結論から言うと、メンテナンスが少し足りていなかっただけのようです」

そもそも生命保険は、その人にもしものことが起きた場合、残された家族が経済的に困らないようにするために用意するものです。

経済的に困る度合いは、家族構成や進学などの教育事情によって異なりますが、一般的には「今この瞬間」が最大で、年月が経つごとに下がっていきます。

たとえば教育費であれば、乳幼児など小さな子どものいる家庭の場合、今不幸が起こってしまうと、将来子どもが希望する進路全体にかかるお金を用意する必要があります。

しかし、子どもが家を出て自立したタイミングで不幸が起きた場合なら、教育費を心配する必要はありません。

10年前、Dさんには当時10歳と13歳の子どもがいました。「もし今、自分が亡くなっても子どもが希望する学校に行けるように、二人分の教育費を確保しておこう」と考え、生命保険を契約されたのでしょう。

しかし月日は流れ、二人の子どもはどちらも社会人となりました。教育費の工面を目的に契約した生命保険は、すでに与えられた役割を終えていたのです。

そのうえ、ご夫婦でお金に無駄のない生活を送っていたことから資産も増えており、8年後には、仮にDさんが亡くなったとしても、残された家族がその後にお金に困ることがないことも確認できました。

「そろそろ、生命保険から卒業することを考え始めてもよいタイミングですね」と、私はお金持ちから学んだ「お金とリスクのリバランス」の話をすることにしました。

代々の地主などのお金持ちではなく、一代でお金持ちになった人と話をすると、生命保険との関わり方はよく話題にのぼります。

それは、「資産がまったくなくても、たくさんあっても、生命保険は必要」というものです。

資産がまったくない場合、家族など守るべき人がいるのであれば、自身の不幸によって誰かを経済的に困らせないためにも生命保険への加入が必要です。

一方で多額の資産を持った場合でも、自分の不幸によって相続税が発生するため、その対策として生命保険が必要なのです。

ちょうどその中間にあたる「家族が困らないだけの資産はあるけれど、相続税を心配するほどではない」というタイミングは、生命保険に頼らなくてもよい期間だと言えます。

お金持ちはこのように、自身の資産の変化を捉えながら、常にリスク対策を見直しているのです。

定期的に見直す必要があるのは、仮に本人の生活がまったく変わらなかったとしても、法律や社会のルールの変化など外的要因による影響を受けることがあるためです。18歳成人、新NISA、iDeCoなど、法律の変更や制度の新設は要チェックです。

生命保険で言えば、保険料を計算するためにベースとしている「標準生命表」が改定されたタイミングで、料金を見直す会社が多いです。平均寿命が長くなっていることを受けて、保険料は改定のたびに下がる傾向にあります。

こうした考え方に沿って、Dさんの現状に合ったリバランスができるよう、次のようにアドバイスしました。

「今Dさんが亡くなられた場合、ご家族に残すべきお金は計算上1000万円程度です。現在の生命保険は、保険金を1／4に減らした契約に変更されるとよいと思います。月々の保険料もグッと下がるはずですから、浮いたお金の一部を資産運用に組み入れれば、8年と言わず、もっと早く保険を卒業できますよ」と。

Dさんに限らず多くの日本人は、一般的に年齢を重ねるにつれて貯蓄が増えていく傾向にあります。

家族が年齢を重ねると、残すべきお金は減っていくため、確保しておくべき生命保険の保険金額も年々下がっていくことを覚えておきましょう。

今ではもう入ることのできない条件のよい保険を安易に手放してしまうのは、確かにもったいないでしょう。

とはいえ、金融庁から免許を取得している生命保険会社は日本全国に42社（2023年8月時点）あり、発売停止になっている商品も合わせると千種類以上あると言われています。これらの商品の特徴や違いについて、普段の仕事をしながら情報をアップデートしていくことはほぼ不可能です。

餅は餅屋。保険の話は、保険のプロに相談することをオススメします。保険を売り込まれると不安に感じるようであれば、複数の保険会社や保険代理店の担当者に話を聞くようにして、一番あなたのためを思って提案してくれている人を見極めて選ぶとよいでしょう。

第5章

お金の最大の価値は「経験」を買えること

「経験」への投資効果は晩年に最大化する

今の経験がいずれ人生のどこかで実を結ぶ

スティーブ・ジョブズ氏が米スタンフォード大学の卒業式（2005年6月12日）で行った「Connecting the dots（点と点をつなぐ）」という伝説のスピーチをご存じでしょうか。

このスピーチでジョブズ氏は、「学生時代に自分の興味の赴くままに潜り込んだカリグラフ（文字を美しく見せるための手法）の講義で得た知識が、10年後に急に頭によみがえり、その結果、美しいフォントを持つコンピューターを作ることができた」、そして当時から、将来のために意識的に何かを学んでいたのではなかった、ということを話しています。

話は「将来をあらかじめ見据えて、点と点をつなぎ合わせていくことはできません。できるのは、あとから点と点をつなぎ合わせることだけです」と続き、「だから、今やっていることがいずれ人生のどこかでつながって実を結ぶと信じましょう」と締めくくられています（『日本経済新聞』掲載の日本語訳を参照）。

ジョブズ氏は、経験と経験を結び付けていくやり方を徹底したことで、大きな成果を残すことができたとも語っています。

今思うと、私にも思い当たることがあります。

私は、20代を広告制作会社でグラフィックデザイナーとして過ごし、デザインの腕を磨きました。その経験が、30代で入ったベンチャー企業で営業資料の作成に活かされ、大きな成果につながります。ファイナンシャルプランナーとなった現在も、デザインの経験はお客様が経営する企業のロゴ、名刺、パンフレットなどの制作物への無料アドバイスといったアウトプットにつながっています。お客様の結婚式で、席次表やプロフィール冊子などを無料で作成してプレゼントしたこともありました。

それだけではありません。デザインの経験は私に「デザイン思考」を習慣付けました。

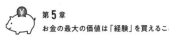

デザインを考案する際に使うプロセスを「デザイン思考」と呼ぶのですが、これはビジネス上の課題解決にも役立つのです。営業戦略、サービス運営、起業の相談があれば、「デザイン思考」を活用したアドバイスを、オンラインを通して日本全国の仲間や企業へ行っています。

このように、私が20代で寝る間を惜しんで打ち込んだデザインの経験は、プロとしてのスキルに加え、数々の思い出とともに、今なお私に新しい経験や気付きを与えてくれるきっかけになっています。

私がお金持ちから学んだことで、最も大切にしているのが「経験」にお金を使うことです。**過去の経験一つひとつがあなたを形成し、それらの経験の積み重ねが、必ずあなたの人生で何度も知恵や力をもたらしてくれる**からです。

「経験」ほど投資効果が高いものはない

「人生は経験の連続で作られている。誰にでも手に入る知識やお金よりも、あなたにしか手に入らなかった経験が一番大切だよ」

「経験には、お金や時間がかかるけれど、技術が身に付いたり喜びが得られたりする。しかも、それが自分のその後の人生に与える影響を考えると、決して小さいものではない」

こう話してくれたお金持ちは少なくありません。

経験の積み重ねの大切さは、金銭に置き換えて考えるとわかりやすいでしょう。

たとえば《月1万円分の経験を、70年間に渡り、3・5％の利息を受け取りながら毎月積み重ねる場合》、次のようになります。

・経験に使った原資
　1万円×12ヶ月×70年＝840万円
・経験によって得られた利息
　約2700万円

一方で、毎月1円も経験に投資しなければ、リターンは1円も得られません。

積極的に経験に投資をした人とそうでない人とでは、経験から受け取る利息に大きな違いがあるのです。そして、経験への投資は早ければ早いほどリターンも大きくなります。

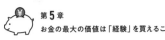

「今すぐ経験にお金を使おう」というメッセージと、世の中に蔓延している「老後のためにお金を貯めよう」というメッセージは、矛盾しているように感じるかもしれません。

私は、**貴重な経験をするチャンスを捨ててまで、必ず来るかわからない老後への備えを最優先するべきではない**と考えます。

もちろん、将来のことを考えずに自由にお金を使っていいということではありません。そうではなく、資産形成を最優先して経験をおざなりにするのは、それこそ「非合理的」だと思うのです。

人生の晩年を彩ってくれるものは、お金や地位・名誉ではなく、それまでの人生経験と思い出だけです。そのことに気付けなければ、どんなにお金持ちになっても幸せな人生を歩めたとは言えないでしょう。

晩年に経験への投資効果が最大化する

緩和ケアの介護を長年務め、数多くの患者を看取ったブロニー・ウェア氏の著書『死ぬ瞬間の5つの後悔』（仁木めぐみ訳、新潮社刊）には、人が死ぬ瞬間に後悔しがちな五つの項目が書かれています。

・自分に正直な人生を生きればよかった
・はたらきすぎなければよかった
・思い切って自分の気持ちを伝えればよかった
・友人と連絡を取り続ければよかった
・幸せをあきらめなければよかった

これらを一言でまとめるならば、自らの望んだタイミングで、望んだ経験をしておけばよかったということになります。

ちなみに、先ほどの言葉を、すべて経験できたものとして置き換えるとこうなります。

・自分に正直な人生を生きられてよかった
・はたらきすぎなくてよかった
・思い切って自分の気持ちを伝えられてよかった
・友人と連絡を取り続けていてよかった
・幸せをあきらめなくてよかった

急に、最高の人生を送った人の言葉のように感じられたのではないでしょうか。

このように、経験が人生の最期に与える影響は非常に大きく、お金持ちは特にそのことを理解しています。

繰り返しますが、終末期を迎える際の病室へ、それまで手に入れてきた地位や名声、高額な商品や高級車など、すべての資産を持ち込むことはできません。

最期に持ち込むことができるのは、自分の身体だけ。そして頭の中に残っている経験という「思い出」だけなのです。


私のまわりで人生を満喫していると感じる人の多くは、〝お金をたくさん増やした人〟や〝お金をたくさん貯めた人〟ではなく、〝お金をたくさん使って、たくさん思い出を作った人〟です。


独身だからできること、結婚したからできること、子どもが小さいからできること、子どもが巣立ったからできること。それぞれのタイミングで、今できることは意外と限られています。

そして、それらのタイミングは一度逃がすと、二度と戻ってこないものが多いのです。

10年後、誰かと結婚した場合、趣味が続けられなくなるかもしれません。

15年後、今の人間関係が継続されているとは限りません。

20年後、今と同じだけの体力があるとは限りません。

タイミングやチャンスを逃さず効果的にお金を使い、自分の望んだ経験を積み重ねることで、将来何度でも振り返りたくなるような思い出を増やす。これこそ本当に賢い、合理的なお金の使い方だと言えるでしょう。

お金持ちの合理的な思考

経験にお金を使うと、「思い出」という大きなリターンとして返ってくる。その投資効果は、晩年に至って最大化する

2

世代別の「経験」への投資、いつ何に挑戦すべきか？

「今」始めるのがローリスク・ハイリターン

お金持ちには何歳になっても挑戦を続けている人が多いです。

しかし実際は焦りを感じている人も多く、その理由の根底には「**歳をとると、失敗で失うものは増え、成功して得られるものは減る**」という考えがあります。

これも、金融投資に置き換えて考えるとわかりやすくなります。

たとえば30代のときの300万円の損失は、まだまだ取り返しがつくため失うものは小さく、反対に300万円の利益が出た場合は、お金の使い道も、お金を使うことで引き出せる価値も大きいと言えます。

いわゆる、ローリスク・ハイリターンな状態です。

一方、70代のときの300万円の損失は、取り返しがつきにくいため失うものが大きく、反対に300万円の利益が出た場合でも、お金の使い道も、お金を使うことで引き出せる価値も小さいと言えます。

いわゆる、ハイリスク・ローリターンな状態です。

つまり、**人は年齢を重ねるごとに投資効率が悪くなるのです。これは金融投資のみならず、経験への投資でも同じ**です。若い頃の失敗はいくらでも取り返すことができますが、年齢を重ねてからの失敗はそのまま失敗に終わってしまうことが多々あるからです。

ファイナンシャルプランナーとして、お客様に将来の夢や、希望を叶える時期について質問すると、「ある程度の経験を積んだら」「お金が貯まったら」など、なんらかの前提条件を満たしたうえで進めようと考える人が少なくありません。

しかし、そうこうしているうちに投資効率は刻一刻と「ハイリスク・ローリターン」に近付いていきます。それでは、もったいないです。

自分がやりたいと思ったことは、できるだけ迅速に行動に移す。投資効率で考えると、

それが最も合理的な考え方だと言えます。

「やらない理由」を探せばいくらでも見つかるでしょう。だからこそ、どうすればやれるか、という視点を持つことが大切です。

すでに経験のある人から方法を学んだり、親からお金を前借りしたりして、「やらない理由」を解消しましょう。そして、一刻も早く行動を開始することが「ローリスク・ハイリターン」で経験するための鉄則です。

世代別、何にお金を使うと経験値が上がるか

ひと口に「経験」と言っても、何に挑戦していいかわからない人もいるでしょう。

これからお伝えする話は、「世代ごとのお金の投資先」について、お金持ちたちと話し合った内容をまとめたものです。お金の使い道に迷うときは、参考にしてみてください。

《20代》将来の成功につながる「失敗経験」や「知識」の獲得にお金を使う
将来の成功につながる〝失敗をする〟という「経験」や、新しい「知識」の獲得にお金を使いましょう。

さまざまな経験を積み、知識を深めながら専門性をつちかっていく時期です。その専門性があなたの基盤となり、その後の人生で価値や富を生み出す源泉になります。

この時期は、まだ金融投資を始めなくてもかまいません。20代からS&P500などの投資信託にお金を預ける人もいますが、経験を重ねてスキルを伸ばし、キャリアアップして給料を上げたほうが、よほど利回りの高い投資になるからです。

《30代》「人脈」にお金を使い、視野を広げつつ「投資」を始め、将来に備える

一定の知識と経験が身に付いた30代では、次のキャリアやステージに向けて「人脈」の拡大にお金を使い、自らの視野を広げましょう。コミュニティなど人の集まる場所に参加したり、自らイベントを企画するなど、自分の人生を豊かにしてくれる人たちとの接点を増やしていく時期です。

金融投資を始めるなら、このタイミングが好ましいと言えます。

この時期の投資ならば、仮に損失が発生したとしても、挽回する期間が長く残されています。

また30代は、知識の獲得にもお金を使い続けてください。

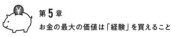

多くの人が、仕事においてある程度のことは自分の力でできるようになっているため、新しい知識を得て学ぼうとする姿勢が最も失われやすいのも30代です。

ここで学びの姿勢や習慣を作っておかないと、その先で継続が難しくなります。

《40代》「自分」や「家族」の成長や思い出作り、「リスク対策」にお金を使う

40代は、お金の使い方が大きく分かれていく時期です。

結婚して家族がいる人であれば、「家族」との思い出作りや、子どもの成長を促すためにお金を使いましょう。

また、家族を持つと大きな責任がともないます。もし自分が亡くなってしまった場合、遺された家族が生活に困ることのないように、「リスク対策」にもお金を使いましょう。

ただし、リスク対策に過剰なお金は使わないように。資産が増えれば増えるほど、家族が生活に困るリスクは減るため、このバランスを見極めながら、必要最低限のリスク対策にお金を使うよう心がけてください。

独身の人であれば、老後に備えて本格的に「資産形成」を始めるタイミングです。お金を自由に使えるため、ついつい財布の紐がゆるみがちですが、しっかり計画を立てましょう。

《50代》「健康」と「時間」にお金を使い、ゆとりを確保しつつ老後に備える

50代のお金の使い道の軸となるものは、「健康」と「時間」です。

老後を楽しく健康に過ごすためにも、50代のうちから健康を意識したお金の使い方をしていきましょう。お金を節約しようとするあまり、安いジャンクフードばかり食べていてはいけません。のちに身体を壊して治療費がかかってしまうようでは、よほど不経済です。

また適度な運動も大切です。運動するきっかけになり意欲が高まるのであれば、ランニング用の靴や、カッコいいジャージを買ってみるのもよいでしょう。


50代は「時間」にお金をかけることも大切です。

子どもの頃、いつまでも遊んでいられると思うくらい1日が長く感じた経験はないでしょうか。それなのに歳を重ねるにつれ、時間が早く過ぎていくように感じます。この感覚は「ジャネーの法則」として知られています。

これは「人生のある時期に感じる時間の長さは、年齢の逆数に比例する」という考え方

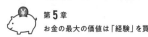

で、10歳のときに感じる1年はそれまでの人生の1／10ですが、50歳のときに感じる1年はそれまでの人生の1／50となり、人生のうちに占める1年の割合が小さくなることで、時間が短くなったように錯覚するというものです。

また、時間が早く過ぎるように感じてしまうのは、同じことを繰り返す生活に脳が慣れてしまうことも原因の一つです。

つまりこの時期は、漫然と過ごしていると、あっという間に時間が過ぎてしまいかねません。

子どもの頃のように体感時間を長くするのに有効なのが「挑戦」です。

新しいことに挑戦し、試行錯誤しながら適度なストレスを脳に与えると、その時間が充実していると脳に認識させることができ、体感時間を長くすることができます。

人生の後半、特に何もしないであっという間に終わってしまうことのないように、体感時間を伸ばすための新たな挑戦にお金を使いましょう。

《60代以降》これまで学んだ「合理的なお金の使い方」を駆使して、人生を楽しむ

老後は人生の集大成です。これまで身に付けてきたノウハウをフルに活用して、楽しい人生を送りましょう。

ここで示した年代別の「お金の投資先」はあくまでもモデルケースです。60代になってから新しい知識を身に付けてもいいし、人脈を広げることに投資してもいいでしょう。

第3章で解説した「ライフプラン」を実現するために、いつ何に挑戦すべきなのか、逆算思考で見ていけば、おのずと自分の経験すべきことがわかってくるはずです。

お金持ちの合理的な思考

経験への投資は早く始めるほど「ローリスク・ハイリターン」になる。ライフプランに沿って、自分がなすべきことを今すぐ迷わず実行しよう

3

お金を貯めても幸せは貯まらない

経験にも寿命がある

そのお金持ちの男性は、「経験にも寿命があるんだ……」と呟き、ため息をつきました。タイミングを逃すと、二度と同じ経験はできないことを後悔していたのです。

男性は、40代の頃にはじめての子どもが生まれたそうです。ちょうど代表を務める会社が上場を目指している時期で、男性は妻に「上場したら、ゆっくり子どもの面倒を見るよ」と伝えていたそうです。しかし晴れて上場を果たすと、男性は「せっかくここまで会社を大きくしたのだから、さらに上を目指す！」という思いが強くなり、結局それから20年間、仕事漬けの毎日を送ったと言います。

そして今、リタイアした男性はがむしゃらにはたらいて資産は倍以上に増えたものの、家族と楽しく生活するだけなら、そこまでのお金はそもそも必要なかったことに気付いたのです。そしてそれに気付いたときには、とっくに子育ては終わっており、父親としての役割を果たせず、父子の信頼関係を築けなかったことを悔いていました。今さら子育てを「経験」しようとしても、すでに経験するための寿命が終わってしまっていたのです。

ちなみに、総務省の社会生活基本調査のデータをもとに計算すると、親が我が子と生涯で一緒に過ごす期間は、母親で約7年6ヶ月、父親にいたっては約3年4ヶ月しかありません（お互いに顔を合わせている時間のみを合算）。

その短い時間を仕事に費やしていた男性は、「幸せ」という観点で考えると、合理的な判断ができていなかったと言えます。

有形資産を無形資産に変える発想を

「人生の後半に向けて、有形資産を無形資産に変えているのよ」と話してくれたお金持ちの女性がいました。

ご主人に先立たれて苦労したものの、なんとか自分で始めた事業を成功させ、一人娘も数年前に結婚して家を出たとのことで、ようやく肩の荷が下りたそうです。

そんな彼女が真剣に向き合ったのが、持っている資産を切りくずすタイミングを見極めること。

さまざまな責任から解放されたことで、「自分の人生をもっと楽しく生きよう」と思い立ち、専門家と相談して、資産を取りくずしながら生活する計画を立てたそうです。

「お金を貯めても、幸せは貯まらないものよ」と笑顔を見せられ、まったくそのとおりだと思いました。お金という有形資産を、思い出や経験といった無形資産に変えていかなければ、人は幸せを感じられないのですから。

にもかかわらず、多くの日本人は老後にかかるお金を心配するあまり、お金を使い切らずに亡くなっていきます。人生の最期にお金が残ってしまえば、そのお金を稼ぐためにかけた時間や労力が無意味になってしまいます。

だからこそ、**生きているうちに資産のピークを作り、経験から多くの価値を引き出せるうちに資産を取りくずすことが、幸せになるための「合理的な判断」なのです。**

ただし、自信を持って資産を取りくずすためには、その後の生活に困らないだけのお金を用意しておかなければなりません。ライフプランを確認したうえで、ファイナンシャルプランナーなどプロのアドバイザーに相談して決めることをオススメします。

私がオススメする資産の取りくずし方は、ピークを「金額」だけではなく「時期」でも捉えることです。

一般には、ライフプランから逆算して資産の目標「金額」を設定するアドバイスがあふれています（私も第3章でそのようなアドバイスをしました）。もちろん収入が少ない人や、散財しがちでお金を貯める習慣がない人にとっては、明確な目標「金額」を持つことは意識を変える意味でも有効です。

しかし、人生の後半には、この「時期」になったら資産を取りくずす、と決めておくと合理的な判断がしやすいです。

たとえばその後の生活に困らないための目標「金額」を3000万円と設定して、その額を達成したとしましょう。「金額」を目標にしていると、ここまできたら「3500万円貯めたほうが、もっと生活が安定するはずだ」と考えがちで、不必要な目標を追い続けてしまう傾向にあります。結果として多くの人が、人生を豊かにする経験のチャンスを失ってしまいます。

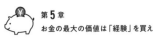

一方で、資産のピークを「時期」で捉えるとしましょう。65歳を資産のピークに設定し、同じように3000万円貯まったなら、その後の人生はその3000万円を少しずつ取りくずして思い出に変えていくのです。

このように人生の後半では、〝有形資産〟を使い、思い出という〝無形資産〟を増やすことで、人生を豊かにしていくことが大切になります。

お金持ちの合理的な思考

人生の後半にお金を増やし続けても幸せにはなれない。ライフプランを立てるときは、資産をピークにする「時期」も設定し、その後は有形資産を無形資産に変えていこう

「経験」を買う

4

死ぬまでにやりたいことリストを作成しよう

人と会うときは「これが最後」だと思って大切に

人生を楽しく生きる秘訣について、いつも笑顔で人生を満喫しているように見える、あるお金持ちの方に聞いてみたことがあります。

その答えは、次のような意外な内容でした。

「人と会うときは、この人と話すのはこれが最後かもしれない、と考えること」

その真意を伺うと、「人との関係には必ず終わりがあり、それを意識するだけで、その時間を有効活用したいと考えるようになり、結果的に幸福度も増す」と言います。

この話を聞いたとき、私は自分が時間を有効活用しようとした経験を思い出しました。

社会人になり、遠方に住む祖父母に会いに行ったとき、一緒にいられる時間も、今後会える回数も限られていることから、その貴重な時間を最大限に活用したいと考えたのです。

また、観光で知らない国や地域を見て歩くときも、短い滞在時間の中で少しでも多くの経験をしようと考え、できるだけ多くの場所を巡ったり、積極的にオプショナルツアーやアクティビティに参加したりしていました。

両方に共通することは、「二度と経験できないかもしれない」点です。二度と経験できないかもしれないからこそ、人は時間を有効活用し、幸福を感じられるのだと思います。

しかしよく考えてみると、友人や知人と会ったり、馴染みのお店に行ったりといった日常の一コマは、どれもいつまでも経験できることではありません。その日を最後に、友人や知人と会えなくなってしまったり、馴染みのお店が閉店してしまうこともあり得ます。つまりすべての経験は、「二度と経験できないかもしれない」ことなのです。

このお金持ちの方はそのことに気付いているため、あらゆる人と会うときに「これが最後かもしれない」と考え、その時間を大切にしているのでしょう。

人生の時間は限られています。限られた時間を有効活用するには、「これが最後」という意識を常に持ち、さまざまな経験を積んでいくことが大切なのだと思います。

自分のやりたいことを可視化しよう

新しい経験をしたい、目標を達成したい、そんなときに有効なのが、人生における「やりたいことリスト」や「叶えたい夢リスト」を作ることです。

モーガン・フリーマン氏とジャック・ニコルソン氏が共演した映画『最高の人生の見つけ方』では、大病を患った主人公の二人がこのリストを作り、それぞれがやりたいことを書き出し、やりたいことをやるために余生を過ごす姿が描かれており、とても印象的でした。

死ぬまでにやりたいことを書き出したリストを「バケットリスト」とも呼びます。

バケットリストを作るメリットは、自分のやりたいことの明確化、可視化によるモチベーションアップ、日々の意識の変化などがあり、人生を豊かにするきっかけとして、さまざまな先人たちが作成を勧めています。

バケットリストの作成は、強い目標のある人だけでなく、つい毎日をダラダラと無駄に過ごしてしまいがちな人にも効果的です。

あるお金持ちは、バケットリストに「期限」を書き加えていました。

「妻と一緒にイタリアへ旅行する」ではなく、

「妻と一緒にイタリアへ旅行する（50歳までに）」という具合です。

期限を書き加えると、限りある時間の中でどうやって目標を叶えようかと、強く考えられるようになります。

また、バケットリストを作るときには、いったんお金のことを心配するのはやめましょう。あくまでも、あなたが今後どんな人生を送りたいかを考え、自由にリストアップすることが重要です。

お金のことを気にしないようにする理由は、お金のことを考えてしまうと、「手元にお金がないから無理だ」と、簡単にあきらめてしまう恐れがあるからです。

また経済的な問題に目を向けすぎてしまうあまり、時間や健康といった年齢を重ねるごとに失われる点を見落としてしまい、仮にお金が貯まって経験できたとしても、思うほどの価値が得られない状況になることを避けるためでもあります。

バケットリストができたら、自分のライフプランにも書き加えてみましょう。経済的に実現可能であれば、モチベーションがグッと上がります。もし現状では難しいという結果であってもあきらめることはありません。リストを実現するために、日々の行動を変えていけばよいだけです。

お金持ちの手帳に書かれたバケットリストを拝見すると、多くの斜線が引かれ、これまでに数々のやりたいことを叶えてきたことがわかります。

これらの積み重ねが、お金持ちの幸福度を高めているのです。

物事の終わりを意識し、その時間を大切にしようと考えて行動したなら、あなたの幸福度は必ず高まります。

お金持ちの合理的な思考

人生の終わりを意識し、「これが最後の経験」だと思えば、ささいなことも貴重な時間になり、幸福感につながる。バケットリストを作って、たくさんの経験を積み上げよう

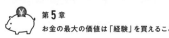

「経験」を買う

5

お金の使い方は「今を生きる」と合理的になる

親友の死が私に教えてくれたこと

本書でお伝えしてきた「合理的なお金の使い方」は、ビジネス感覚に優れた経営者や、お金持ちにしかできないものではありません。

私の身近にも、お金の使い方がとてもうまい仲間がいました。

中学・高校時代の同級生で大親友のSさんは、全国に拠点を持つ上場企業ではたらきながら、美しい立山連峰の見える富山県内にログハウスを建て、奥様と三人の子どもと暮らしていました。

彼のSNSには定期的に家族で遊ぶ様子が投稿され、子どもたちとよい思い出を作りたいという彼の気持ちが、画像に写る笑顔を通して感じられました。

しかし残念ながら、事故で40歳のときに他界。ちょうどわが家と一緒に家族旅行の計画を立てていたときで、私は突然の訃報に、心にぽっかり穴があいたようで、しばらく仕事が手に付きませんでした。

数ヶ月後、ようやく少し立ち直ると、ファイナンシャルプランナーとして気になることがありました。

遺されたSさんの家族の生活と、将来の生活資金は大丈夫だろうか？　という心配です。

そこで、奥様と将来の収支のシミュレーションを一緒に確認したところ、一生涯、家族には経済的不安がないことがわかりました。Sさんはあらかじめ生命保険などを活用したリスク対策をしていたのです。

彼は、公的制度を正しく理解したうえで、会社の制度や民間の保険を賢く活用していました。自分にもしものことがあった場合に、遺された家族が一生お金に困らないよう、ちゃんと手配していたのです。

親友に起きた不幸な出来事により、私は二つのことを感じました。

一つ目は、「人は、必ず老後を迎えられるという保証はない。だから今を生きなければ後悔する可能性がある」ということです。

それまでの私は、お客様からのライフプランの相談に対して、当時世間をにぎわせていた〝老後2000万円問題〟に絡め、「老後に不安をかかえることのないように、今は多少我慢してでも、お金を貯めて資産を作っていきましょう」とお伝えしていました。

しかし現在は「資産運用などを活用して〝今〟使えるお金を増やし、お金を効果的に使うことで家族との思い出や楽しい経験を増やしましょう」とお伝えしています。

スティーブ・ジョブズ氏は、前述したスタンフォード大学の卒業式祝賀スピーチで『死に関する話』として次のように語っています。

「私は毎朝鏡を見て、自分にこう問いかけることを日課としてきました。『もし今日が自分の人生最後の日だとしたら、今日やる予定のことを、私は本当にやりたいだろうか？』と。その問いに対する答えが〝NO〟の日が幾日も続くと、そろそろ何かを変える必要があるなと、そう悟るわけです」

自分が死と隣り合わせにあることを忘れずにいることで、人生を左右する大きな決断を迫られたときにも、プライドや恐怖などのバイアスに振り回されることなく、合理的に物事を捉えることができるとも語っています。

死を意識することは、生きるうえで目の前のことに集中し、適切な判断を下すのにとても効果的なのです。

親友の死で感じた二つ目のことは、「お金持ちが実践している合理的なお金の使い方は、一般の人でも真似できる」と確信したことです。

それまでお金持ちからさまざまなお金の使い方を学び、自分なりに実践してきましたが、「なかなかお金持ちのようには考えられないな」と感じることが何度もありました。心のどこかで「やはりお金持ちのようにはなり切れないのではないか」と、少し疑いを持っていた時期もありました。

しかし、最も身近にいた仲間が、お金持ちのように合理的なお金の使い方を実践していたことを知り、このノウハウは誰にでも実践できることだと確信したのです。

「今を大切に生きること」

「誰でもお金持ちのようにお金を使いこなせること」

この二つに気付いたことが、私がこの本を書きたいと考えた最大のきっかけです。

お金持ちの家に行くと、祖父母や曽祖父母といったその家の先人たちの写真が数多く飾られていることがよくあります。

「自分が今ここにいるのは、先人たちのおかげという感謝と尊敬の思いを忘れないためだよ」とその方は言います。

先人たちの力により自分の今の状態があると理解し、感謝の意識を持っているからこそ、お金持ちは合理的なお金の使い方ができるのでしょう。私たちも同じ心持ちになることは難しいことではないはずです。

私は最近、テレワークが増えて身体を動かす機会が減ったため、早朝の散歩を日課にしています。

朝日を見るたびに、今日も新しい1日を迎えられた喜びを感じ、亡くなった親友の分まで楽しい1日を過ごそうと心に誓っています。

人生の終わりがいつ来るかは、誰にもわかりません。
命のはかなさと、尊さを感じ、今を大切に生きるという意識を持つだけで、お金の使い方がより合理的になるのです。

お金持ちの合理的な思考

合理的なお金の使い方は誰にでもできる。今日が人生最後の日だと思って、今を大切に生きよう

COLUMN 5

親が99歳で大往生、40年前にほしかった3000万円を受け取ったEさん

「お金は、必要なときにはなかなか手に入らないものでしたね」

そう話されたのは、祖父と両親が公立中学校の先生としてはたらく家に育ち、自身はサラリーマンとして2年前に定年を迎えた67歳のEさんです。

父親から資産を受け継いだタイミングについて、残念な気持ちを隠せないようでした。

今から40年前、Eさんは27歳のときに結婚して家を建てました。

当時は今よりも住宅ローンの金利が高く、毎月の返済に生活を圧迫されていたEさんは、父親にお金を援助してほしいと申し出たそうです。

代々の節約家計のうえ、Eさんが家を買った前年には祖母が亡くなり、父親が大金を相続したことを知っていたため、一人息子の自分に快く援助してくれるだろうと考えていたのです。

しかし、その希望は見事に打ち砕かれます。

「自分のことなのだから、自分でなんとかしなさい」とピシャリ。相続したお金のことを尋ねると、「それはちゃんと残しておいて、私たちが亡くなったらお前に相続させるから」とのこと。

「金が必要なのは、今なんだよ！」と思いながらも、Ｅさんはそれ以上は何も言い返せませんでした。

不満をかかえながらもＥさんは、住宅ローンを返済すべく節約生活を続けました。家族との娯楽をできるだけ抑え、同僚からのランチの誘いを断って家で作ったおにぎりで済ませるなどし、定年前になんとか住宅ローンを完済します。

Ｅさんが相続でお金を譲り受けることができたのは67歳のとき。

亡くなられたお父様は99歳の大往生でした。

祖母から父が相続したお金は、ほぼそのまま手付かずで残っており、３０００万円を資産に加えることになったＥさん。

「もっと早くもらえていれば……」と落胆します。

30年以上前の記憶がよみがえります。お金の工面ができなかったことで、子どもにあきらめてもらった夢や進学先があったそうです。

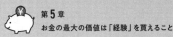

Eさんが私のところに相談にいらしたのは、相続した3000万円の使い道についてでした。

「このお金、どうしたらいいと思いますか？」との相談に対して、私はお金持ちから学んだ「資産の効果的な譲り方」をお伝えしました。

それは、今後の生活と、リスク対策に必要な額を手元に確保したうえで、できるだけ次の世代の経験やスキルを増やすために使いながら、資産を譲っていくこと。

「お金の価値は、歳を重ねるごとに引き出しにくくなるものなのだよ」

これは、80代のお金持ちから頂いた言葉です。その方はここ数年、背中の痛みがとれず、不便な日常生活を送っていました。

「こうなってしまっては、経験できなくなるものもあるし、たとえ経験できたとしても、心の底から満喫できたとは考えにくくてね」

この言葉は感情的なものだけでなく、もし知識やノウハウを身に付けたとしても、何十年先まで使えるものではなく、また自分が亡くなればその知識やノウハウも同時に失われてしまうのはもったいない、と考えているのです。

話を聞いたときには、よくそこまで合理的に考えられるなと、感心したものです。

そのお金持ちの方は、子どもだけでなく孫にもお金を使うことで、新しい知識や経験を得られるチャンスを与えているとのことでした。

「ただお金を渡しているわけじゃないよ。あとで感想と、その経験から学んだことを話しに来てもらうんだ。得たものが少なければ、その分のお金は返してもらうよって伝えてあるから、みんな真剣だね」

これらの話をEさんにお伝えしたところ、「自分も似たようなことをしてみたい」と希望されました。

そこで、将来の収支をシミュレーションし、資産を〝手元に残しておく資産〟と、〝次の世代に譲っていく資産〟に分けました。

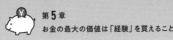

「人生100年時代、まだまだ長いですから、譲り受けた資産を効果的に使って、Eさん自身も素敵な思い出を増やしながら、楽しく元気に生きてください」とお伝えすると、「そうですね！」と満面の笑みが返ってきました。

それからしばらくして、Eさんから突然「昨年結婚した息子が、家を買うことになりました」「今年生まれた孫がいるのですが、息子が稼いだお金は、できるだけ孫のために使ってほしいと考えています」との連絡をもらいました。

その後、Eさんは息子さんへ住宅資金の援助を実行したとのこと。

かつての自分がかかえたストレスを次世代に残さないようにする、お金持ち顔負けの素敵なお金の使い方だと感じました。

お金を出したからというわけではないのでしょうが、息子さんの家にはEさん専用の椅子が置いてあり、遊びに行った際には、孫の顔を見ながらゆっくりくつろげているそうです。

おわりに

私がはじめてお金持ちの方々に会ったとき、大きな資産を持っているのだから、お金の使い方が奔放な人たちだと思い込んでいました。しかし、話を聞き、行動を知ると、その考えが間違っていたと気付きます。

「お金持ち」とは、本当にお金を大切にし、知識を身に付け、専門家の言葉に耳を傾ける、「合理的なお金の使い方」をする人たちだったのです。

お金持ちはお金に無頓着だった私に、丁寧なお金の使い方を教えてくれました。

もちろん、すべてをスムーズに習得できたわけではありません。

むしろ最初の頃は、どこかで「自分は彼らほどの資産を持っていないから、同じ気持ちや考えにはなれない」と思っていた気がします。

ただ、自分なりに考えてお金を使い、失敗と気付きを繰り返しながら理解を深め、お金の使い方が少し変わってきた37歳のときに、前職の会社が「東証マザーズ」（現・東証グロース）へと上場を果たします。私は主要株主の一人だったことで、金銭的には1日にしてお金持ちの仲間入りを果たしました。そこで改めて気が付いたことは、大きな資産を持っていても、お金を合理的に使えるようになるわけではないということです。当時の私はまだ、合理的で効果的なお金の使い方を実践し切れていなかったのです。

その後、自分の資産を守るため、お金を大切にするうえで必要な金融知識を身に付けたいと考え、ファイナンシャルプランナーへ転職しました。

仕事でさまざまな人の相談を受ける中で、自分を含め「一般の人では、合理的なお金の使い方を理解して完璧に実践することはできないのでは？」と考えたこともありました。

しかし、親友の不幸をきっかけに「一般の人であっても、お金持ちと比べても遜色ないほど合理的な判断を下してお金を使うことができる」と確信しました。

現在は、お金持ちの合理的なお金の使い方に加えて、今を生きることと、お金を効果的に使うことの大切さを伝えています。

すぐに考えを変えることはできないかもしれませんが、変えようとする意思を持つだけでも、あなたの行動は変わります。多くの日本人のように、ただ将来を不安に思ってはたらき続け、我慢しながら生活を送ることで貯蓄をし、効果的にお金を使うことなく、資産を増やすだけ増やして人生を終えるということは避けましょう。

人生の最期を想像してみてください。

ベッドのまわりに、地位や名誉、高級車や美術品といったものが並ぶことはありません。あなたを囲んでいるものは、それまでの経験や思い出であり、家族です。それらがあなたの人生の豊かさそのものなのです。


私はお金持ちから「人生で大切なことは、今を最大限に生きて、一生の思い出を作ること」だと学びました。あなたがお金の使い方を磨くことで、お金の不安がなくなり、素敵な経験と思い出にあふれた、豊かな人生を送られることを心から祈っています。


本書を出版することができたのは、私に合理的なお金の使い方を教えてくれた、優しいお金持ちの方たちのおかげです。

私の人生をよりよい方向に導いて頂き、本当に感謝しています。

また、その学びを実践し、失敗を繰り返しながら、少しずつ成長していく様子を温かく見守り、ときに応援してくれた、これまでの人生に関わったすべての方々にも感謝します。

そして今を生きる大切さについて改めて気付かせてくれた親友にも、心から感謝します。

大切な家族にも感謝を伝えさせてください。

妻の献身的な支えにより、私は自分の好きな仕事や活動に没頭できています。

息子の気遣いにはいつも助けられており、これからますます成長が楽しみです。

いつも本当にありがとう。


最後になりましたが、本書を手にとってくれたあなたにも心からの感謝を申し上げます。

私に少しでも興味を持ってくださったなら、本書の感想など送って頂けたら嬉しいです。〈kengo.tatsugawa@gmail.com〉までご連絡ください。

多少お時間はかかるかもしれませんが、お返事させて頂きます。

Facebookも実名の「立川健悟」で登録しています。「本を読みました」とメッセージを添えて、友達申請してください。


これからも、みなさんのお役に立てるよう、さまざまな経験を重ねていきます。

引き続き、どうぞよろしくお願いいたします。

FACEBOOK

立川 健悟（たつがわ・けんご）

ファイナンシャルプランナー

1980年、広島県生まれ。「お金はなるべく使わず貯める」倹約意識の高い家庭に育ち、人生経験を得る機会の少ない幼少期を送る。

社会人となり、場当たり的にお金を使うことが増え、子どもが生まれたときに預金が82円しかないなど、常にお金の不安を抱える。

30歳のとき、不動産テック系のベンチャー企業へ転職。営業職として接点を持った多くのお金持ちから、人生を豊かに生きるための賢いお金の使い方を学ぶ。この学びを人生に取り入れたことで、経験、知識、スキル、人脈、仕事の生産性が大幅に向上。業界内の新規契約数で日本一となり、その実績を認められ執行役員に就任。

その後、会社が株式上場を果たした際、主要株主の一人だったことで金融資産が3億円を超え、自身も富裕層の仲間入りを果たす。

築き上げた資産を賢く使うための金融知識を持ち、自身の経験をもとに人生を豊かに生きる人を増やしたいとの想いから、ファイナンシャルプランナーに転職。人生のリスクを減らし、資産形成の見通しを立てたうえで、今を豊かに生きるためのマネープランの提案が好評。

特技はデザイン。新卒から8年間、グラフィックデザイナーとしてはたらいた期間も含めて、上場企業のロゴやボードゲームなど3,000点以上を制作。

「マネー現代」「Forbes JAPAN CAREER」などに寄稿。本書が初の著書。

お金持ちは合理的

2023年11月20日　　第1刷発行

著　者　立川 健悟
発行者　徳留 慶太郎
発行所　株式会社すばる舎
〒170-0013 東京都豊島区東池袋3-9-7 東池袋織本ビル
TEL　03-3981-8651(代表)　03-3981-0767(営業部)
FAX　03-3981-8638
URL　https://www.subarusya.jp/

企画協力　松尾 昭仁(ネクストサービス)
出版協力　中野 健彦(ブックリンケージ)
編集協力　堀田 孝之
ブックデザイン・装画　大塚 さやか
図版作成　立川 健悟
校　正　川平 いつ子
編集担当　菅沼 真弘(すばる舎)

印刷・製本　株式会社光邦

ISBN978-4-7991-1137-6